Spanish Reader for Advanced Students
III

Spanish Reader for Beginners, Intermediate & Advanced Students

Iris Acevedo A.

Published by Iris Acevedo A., 2018.

SPANISH READER FOR ADVANCED STUDENTS III

First edition. June 21, 2018.

Written by Iris Acevedo A..

Also by Iris Acevedo A.

Spanish Conversation Books
Spanish Conversation Book for Beginners I & II
Spanish Conversation Book for Beginners II
Spanish Conversation Book Intermediate II

Spanish Reader for Beginners Elementary 1, 2 & 3
Spanish Reader for Beginners-Elementary 1
Spanish Reader for Beginners-Elementary 2

Spanish Reader for Beginners, Intermediate & Advanced Students
Spanish Reader for Beginners-Short Stories in Spanish
Spanish Reader for Beginners 2- Spanish Short Stories
Spanish Reader Intermediate I
Spanish Reader Intermediate II
Spanish Reader for Advanced Students
Spanish Reader Intermediate 2
Spanish Reader for Advanced Students II
Spanish Reader for Advanced Students III

Spanish Reader Advanced III

Short Stories in Spanish
A unique creation
By

CostaRica SpanishOnline

The first online language school in Costa Rica
for the Independent Learner
http://costaricaspanishonline.com[1]

2015

---

1. http://costaricaspanishonline.com/

Introduction

Spanish Reader for Beginner, Intermediate, and Advanced Students began as a project consisting of six Spanish Readers; however, due to the growing amount of e-mails we have received from our readers, the series will now include two additional books: *Spanish Reader Advanced III*, and *Spanish Reader Advanced IV*.

All Spanish Readers comprehend various intuitive learning techniques within short stories in Spanish with an unusual twist; a unique creation by **CostaRica SpanishOnline** for the increasing number of independent learners; the individuals I have taught since 1982.

Spanish Reader for Advanced Students III provides Grammar Structure practice, such as The Imperfect Subjunctive, The Present Perfect Subjunctive, The Future, and The Future Perfect among others.

As in the first six volumes of our Spanish Readers, you will also find original, entertaining stories with Spanish Grammar in mind: the challenge I have taken on: focusing on Grammar as I create stories with a unique twist.

I hope you find this book as enjoyable as it is for me to present it to you.

Iris Acevedo A.
Author/Owner

Contents

Un Malentendido

¡Llovía a cántaros!...

Afuera, la gente buscaba refugio cruzando la ancha calle con paso apurado entre el brillo de las luces de los carros, intentando así llegar al otro lado de ésta; dar un brinco para subirse a la acera y de esta forma, lograr llegar a pararse justo debajo de algún toldo que les sirviera de techo, ubicado a la entrada de las pequeñas tiendas cuyas vitrinas garantizaban mercadería de diversos colores al igual que exquisita calidad; a todos aquellos que miraban dentro de las ventanas.

Adentro, en la pequeña taberna, el calor abrazador del fuego proveniente de la madera, estratégicamente colocada dentro de la chimenea que se encontraba escondida en una esquina de la estancia, mantenía ocupados a todos los ahí presentes; saboreando los diferentes tipos de vino que le habían dado a ésta la fama de ser el mejor lugar de la ciudad donde todos se reunían para disfrutar de una copa del mejor vino de la casa, acompañado por deliciosos quesos de leche de vaca; por supuesto, cuidadosamente elaborados por sus dueños.

La taberna *Vinos y Quesos* lograba sobrevivir aun, a pesar de encontrarse ubicada entre restaurantes contemporáneos, bares de moda y clubes nocturnos. Pues debido a las críticas positivas de los diarios y gracias al refinado gusto de los artistas y escritores residentes en la zona, ésta mantenía un flujo constante de clientela.

Desde afuera, a través de ventanas de vitrales de cautelosos colores, podían observarse, tanto hombres como mujeres, con sus graciosos rostros; un tanto avivados ya por el alcohol e incesante charla.

Todos ellos parecían demasiado ocupados en lo suyo como para notar, del todo, la nerviosa presencia del hombre sentado en una mesa; revisando su reloj incesantemente, para luego fijar su intensa mirada en la puerta de entrada al pequeño bar.

Carlos, un hombre de mediana edad, se pasaba los dedos, como gesto involuntario de impaciencia, por su cabello negro y lacio; el cual le llegaba un tanto más arriba de sus hombros.

Sus bellos ojos de fuertes tonalidades verdes, muy similares a los de un felino en guardia, vigilaban muy de cerca la puerta de la taberna, al mismo tiempo que los apresurados latidos de su impetuoso corazón le causaban una angustia pavorosa adentro de su pecho. Dicha angustia se debía, no obstante, a su inhabilidad al intentar detener éstos mediante, quizá, alguna palabra oportuna de consuelo, mantra desgastado o posiblemente algún pensamiento que se le asemejara.

¡Será un malentendido!-pensó él, al mismo tiempo que su mirada se fijaba, con cierta tristeza, en su reloj; por centésima vez.

Alba-su antigua novia- y él por sugerencia de ésta y deseo de éste, acordaron de antemano, encontrarse ahí a las siete de la noche, ya que era el lugar preferido de ambos.

Pues era en este preciso rincón de la ciudad donde ellos antes acostumbraban pasar largas noches de conversación entre copa y copa.

Ahora, pensando que la taberna convenientemente ubicada cerca del lugar de trabajo de ella podría ser el mejor lugar para verse, él se encontraba ahí; sentado en una mesa, a las siete de la noche.

No obstante, al llegar la hora acordada, ella aún no se había presentado.

La verdad es que no existía, aparentemente, motivo alguno que justificara la angustia, o grito de temor, que provenía del corazón de Carlos si apenas eran las siete en punto y la oficina de Alba, un prestigioso bufete de abogados, se hallaba a escasos doscientos metros del lugar de reunión acordado.

Sin embargo, el hombre no dejaba de sentir una leve sensación de vacío en su estómago que intentó llenar, sin éxito, con una copa de vino tinto de la casa; y lograr de esta forma, relajar su cuerpo.

¿Habrá dicho a las seis y no a las siete?-pensó Carlos, al mismo tiempo que apuraba el contenido de la copa.

Seguidamente, tuvo la idea de quedarse ahí, bebiendo copa tras copa de vino; quizá una botella, mientras la esperaba toda la noche si fuera el caso.

A pesar de la imperturbable insistencia de sus crecientes temores, él estaba casi totalmente seguro de que sus oídos no lo habían traicionado la noche anterior cuando ella, acostumbrada a seguir ciertos horarios de trabajo, le había sugerido a Carlos que se vieran en este lugar a las siete de la noche ya que esta era la hora adecuada para dejar la oficina y llegar ahí; sin el menor retraso.

Él, como era de suponerse siendo un caballero, había llegado con veinte minutos de anterioridad con el propósito de asegurarse una mesa para dos, junto a la ventana que daba a la calle; y desde ésta poder mirar a toda la gente que pasaba por la calle.

Sabía muy bien que de esta forma podría alejar su mirada de los penetrantes ojos de Alba, en el momento preciso en que el hombre sintiera necesidad de ello.

En realidad, su creciente angustia podría aplacarse, simplemente echando mano de los recursos que las personas utilizamos para entretenernos; y eso fue exactamente lo que él hizo: sacó su iPhone de la bolsa de su camisa nueva y de inmediato, se puso a revisar uno por uno los mensajes de texto, pero encontró solamente unos breves mensajes enviados anteriormente por una de las cinco galerías de arte de la ciudad; recordándole que este martes, a las ocho en punto, estaría él reuniéndose con sus dueños para discutir las fechas de sus próximas exhibiciones.

De inmediato, sin pensarlo dos veces, revisó el registro de llamadas realizadas por él al igual que las llamadas perdidas provenientes de otros, sin embargo, aún no había recibido ninguna llamada de Alba que pudiera alertarle de que supuestamente, algo andaba mal.

No era que él anticipara que ella hubiera cambiado de parecer, sino más bien, que la noche anterior, sin necesidad de que ella se lo mencionara, él había notado un leve tono de tristeza en su voz.

De ahí que tomó, con toda seriedad, su llamada a primera hora de la madrugada, pues cabía la posibilidad de que ella estuviera pasando por algún momento de zozobra en su vida y él sabía que, al igual que muchas veces en el pasado, ella lo buscaría a él para que le ayudara; aunque sólo pudiera hacerlo al prestar absoluta atención a todo lo que a ella le agobiaba.

La mesa que Carlos había escogido con sumo cuidado, cubierta por un vistoso mantel a cuadros, le permitía a éste observar la entrada al bar con discreción, no obstante, las numerosas personas que entraban al lugar no acostumbraban mirar en esa dirección ya que la pequeña mesa se encontraba muy bien ubicada en una esquina remota con escasa iluminación.

Esto le permitiría a Carlos vislumbrar la silueta de Alba en el preciso instate en que ella hiciera su aparición en el lugar y a la vez él lograría, de esta forma, esconder el creciente nerviosismo producido por la expectativa que ella sin duda había creado en él; por supuesto, sin proponérselo.

La noche, una de esas típicas noches lluviosa de septiembre, prometía tranquilidad a todo aquel que deseaba conciliar el sueño, arrullado en su cama, por el constante sonido de las inmensas gotas de agua que caían sobre los techos.

Pero en ese momento, la fuerte lluvia aseguraba poco movimiento de clientela en la taberna, y esto era apenas lo que a Carlos le garantizaba un ambiente confortable para sentarse frente a ella y escuchar su voz; como no lo había hecho desde aquella noche en la que ella, sin pensarlo dos veces, salió de su casa; para no regresar jamás.

En medio de su febril preocupación, inevitablemente o quizá a propósito, el hombre recordó un instante apenas diez largos años atrás, el cual creyó haber logrado dejar en el olvido; un martes, en una noche lluviosa semejante a ésta, Alba le confesó que estaba enamorada de otro hombre.

Ella le había pedido que la dejara irse y que no la tratara de convencer de quedarse con él.

-No pienses mucho; te puedes volver loco...-, le había dicho ella en aquella lluviosa noche de abril-. Tienes que aceptar que a menudo estas cosas le suceden a uno, pero eso no significa que las estemos buscando a propósito. Seguidamente, apresurando sus palabras, dijo: Quiero que sepas que esto no tiene nada que ver contigo; ¡ya no es tu culpa!-.

Y aprovechando el momento en el cual el hombre no sabía que decir, continuó:-Y no quiero que trates de convencerme de que él no me conviene-dijo ella-. Por favor, no quiero que trates de salvarme-, añadió, momentos antes de salir por la misma puerta por la que docenas de veces había salido ya.

Carlos sabía, por muy buenas fuentes, que el tipo que abiertamente había seducido a su novia le iba a despedazar el corazón, pues se había ganado la fama de *perro,* debido a sus múltiples conquistas femeninas.

A su vez, Carlos sabía muy bien que el tipo iba a tomar los pedazos de éste y los iba a barrer con la escoba; sólo para recogerlos con una pala y luego, botarlos en la basura.

-¡Yo lo quiero a él y él me quiere a mí!-, exclamó ella, con una mezcla de orgullo en su rostro y descaro en su voz, al mismo tiempo que tomaba una de las maletas y caminaba del dormitorio al baño buscando sus pertenencias más preciadas: sus joyas, cepillos de pelo, el estuche de maquillaje que mantenía sobre el mueble de mimbre, artículos personales, ropa y libros; que ya habían leído juntos en noches de insomnio compartido debido a diversas razones que las parejas tienen o no tienen para decidir no conciliar el sueño.

Al cabo de unos minutos, Alba entró al dormitorio por última vez y revisó el armario, en caso de que motivada por su apresurada huida, sin querer dejara algo atrás. Pero, al mirar hacia abajo, vio un par de zapatos rojos nuevos, de punta alargada y tacones finos que Carlos le obsequió para su cumpleaños.

Permaneció inerte, de pie frente al armario; dudando, pues ella no iba a dejarlos ahí, mas tampoco podía llevarlos como recuerdo.

Luego de unos minutos, decidió tomarlos; y con ellos en la mano, se fue a la sala con el propósito de meterlos en una bolsa plástica y luego ponerlos dentro de su maleta.

Sin embargo, a pesar de la agobiante situación, Carlos escogió permanecer en silencio absoluto; no sólo debido al ímpetu de sus acciones y la inesperada crueldad de sus duras palabras, sino porque éstas habían borrado las suyas por completo, debido a la impresión causada en él por el tono frívolo de la súbita actitud con la cual su novia le había comunicado la triste noticia.

No merecía la pena intentar disuadirla. Por esa razón y debido a otras razones adicionales, él le permitió que saliera de la casa sin llevarse en su mente la imagen de un hombre que hace uso de los más bajos recursos a mano cuando éste se siente acorralado: insultos, gritos, bravuconadas y largos pronósticos catastróficos sobre el inevitable destino de la nueva relación sentimental de la mujer amada, quien abandonaba el amor de un hombre por entregase de lleno al amor de otro.

En realidad, Carlos no supo qué había dejado de hacer para merecer que la mujer por la que él había sacrificado largas noches de sueño en el estudio, de repente, sin darle una segunda oportunidad, hubiera entregado su amor a un mejor postor.

Ciertamente, este problema no era suyo, pues a pesar de no haber logrado amasar una considerable fortuna, hubo muchas formas en las cuales él dedicó la mayor parte de sus energías para hacerla feliz, y a fin de cuentas, era esto lo que más peso tenía.

Para él, un artista dedicado, pintor de acuarelas; famoso ya en su propio país y fuera de éste, la única razón para estar con una mujer era, no obstante, el amor que él sentía por ella.

En aquel preciso momento, Carlos recordó, de pronto, que se encontraba en la taberna y recobrando los sentidos pensó: ¡Tiene que haber sido un malentendido!

En todo caso, había sido ella quien, de manera sorpresiva, lo había llamado a él. No fue él, quien guiado por un impulso, la había llamado a ella.

¿Será que, a última hora ella cambio de opinión?-se preguntó a sí mismo, al mismo tiempo que pensaba en ordenar una botella de vino en lugar de continuar tomando copa tras copa.

-¡Aló!-, respondió Carlos, al ver de pronto, que el número que aparecía en la pantalla de su teléfono no pertenecía aun a ninguno de sus contactos.

-¡Carlos!...es Alba-, respondió una voz cálida y adormecedora al otro lado de la línea.

Fue justo en ese instante que escuchó cuando su corazón de hombre herido, comenzó a murmurar incesantes palabras y largas frases de precaución.

-¡Alba!... ¿Cómo estás?-, respondió él con naturalidad en su voz, de igual forma que lo hace un hombre experimentado que sabe muy bien que la vida viene acompañada de sorpresas: algunas agradables y otras; pues no tanto.

-Carlos...estoy segura que no tengo derecho a llamarte, pero tengo muchas cosas que decirte-, dijo una voz temblorosa proveniente de diez años atrás.

-Dime... ¿Qué pasa?-, respondió él con calma, igual que lo hizo la noche que ella se fue; para no volver a ver atrás.

-¿Podríamos vernos para hablar?-, preguntó ella con voz titubeante; justo, la misma voz que utilizó aquella noche, olvidada por él, pero no así por su corazón.

Carlos estiró el brazo para tomar el reloj que se hallaba sobre la mesa de noche. Éste le dijo que era apenas la una de la mañana con diez minutos y que esta llamada sería de suma importancia; éste no fue un simple ímpetu de una mujer de repente sumida en la soledad de la noche que súbitamente deseaba tomar el teléfono para charlar con alguien; no a esas horas de la noche.

Al otro lado de la ciudad, una joven mujer con el rostro pálido y ojos de un tono profundo de celeste, caminaba lentamente por su dormitorio de un lado a otro, mientras sus ojos llenos de lágrimas permanecían fijos en las luces de los edificios visibles a través de la ventana.

Su cuerpo esbelto, cubierto apenas por una bata de dormir de satín verde que le llegaba hasta las puntas de los dedos de sus pies, podía sentir la brisa calurosa que traía consigo la inesperada lluvia; a esas horas de la madrugada.

-¿Cuándo quieres que nos veamos?-, preguntó él, con ansias de descubrir el misterio que se escondía detrás de la inesperada llamada de la mujer por cuyo corazón tanto había luchado en sus años de hombre enamorado.

-¿Puede ser esta noche...como a las siete?-, dijo ella, con esperanza de escuchar una respuesta afirmativa proveniente del otro extremo de la ciudad.

-Sí, a las siete me queda bien-, respondió él, sin ofrecer explicaciones o motivos que ella no estaba solicitando abiertamente.

-¿En el lugar de siempre?-, preguntó ella, con un súbito cambio de tono en su voz, pues se podía notar que la respuesta afirmativa de él había logrado traer esperanza o felicidad a su espíritu.

-Sí...en el lugar de siempre-, respondió él, a sabiendas de que jamás iba a recobrar la paz de espíritu.

-Gracias-, dijo ella.

-Nos vemos en unas horas-, respondió Carlos, para añadir luego: Trata de dormir, pues sea lo que sea que te esté molestando ahora, puedes estar segura de que juntos vamos a encontrar alguna solución.

Y una vez que pronunció estas palabras, Carlos colocó el teléfono sobre la mesa de noche y se quedó ahí, observando el artefacto, sin que éste pudiera brindarle a él mayores explicaciones sobre la llamada de su mejor amiga y antigua novia.

Seguidamente, se incorporó en la cama y con su mano derecha tomó el paquete de cigarrillos y el encendedor colocados al lado del reloj despertador. Luego, encendió uno apresuradamente.

El hombre, encontró ahí, un poco de paz ya que la súbita e inesperada llamada de su antigua novia, sin querer, le había robado el sueño; por lo que, en ese instante, decidió de pronto, poner su cabeza sobre la almohada y fumarse el último cigarrillo de la noche antes de rendirse al curso natural de la madrugada.

No obstante, los recuerdos lejanos evocados por una voz femenina al otro lado del teléfono, proveniente de algún lejano sitio en la ciudad, habían provocado que ya muchos hombres en el pasado, encontraran un sinnúmero de razones para tomar decisiones drásticas.

Y la voz de ella, no fue excepción.

El reloj dio las dos. Fue entonces que él recordó el día en que la vio por primera vez, en la calle frente a la taberna, donde se encontró con un problema en la batería de su carro y se vio obligado a bajarse de éste, con el propósito de investigar la causa.

En aquel preciso momento, ella se encontraba estacionada detrás de él y al ver que el hombre estaba teniendo problemas con su carro, de inmediato, se bajó del suyo para ofrecerle ayuda.

Carlos, distraído sin duda, con las innumerables piezas debajo de la tapa del motor, no se percató de la presencia de la mujer que se encontraba de pie junto a él.

No fue hasta que su voz le causó un repentino sobresalto, que él vio sus ojos por primera vez. Fue en ese preciso instante que Carlos se declaró totalmente incompetente para luchar contra los mandatos del corazón.

-¿Qué le pasó a su carro?-, preguntó la mujer, inclinándose hacia adelante con el único propósito de mirar dentro de la tapa del carro y seguidamente inspeccionar la batería.

-Debe ser la batería-, respondió él, súbitamente sorprendido-. Intenté arrancarlo varias veces, pero no hay forma de que responda.

-Yo tengo lagartos; si quiere, tratamos de cargarla-, respondió ella con naturalidad.

-Sí, por favor; realmente se lo agradezco, aunque no quiero que usted se moleste-, respondió él, haciendo caso indiscutible a las reglas de la caballerosidad.

-Mi hermano era mecánico, y desde niña yo le ayudaba a reparar carros; primero como asistente, y tres años después como mecánica-, exclamó ella con cierto orgullo, al mismo tiempo que traía en sus manos un par de cables anchos.

Cuando el reloj dio las dos y siete minutos de la madrugada, Carlos apagó el segundo cigarrillo en el cenicero que mantenía siempre al lado del televisor, y con pereza se levantó de la cama para dirigirse al baño.

Se detuvo, justo frente al espejo y comenzó a realizar un minucioso inventario sobre su apariencia personal. Él era un hombre atractivo, bien rasurado, de rostro perfilado y cabello largo recién cortado a la altura de sus hombros.

No tenía nada por qué preocuparse, sin embargo, obviamente era necesario dormir unas horas, y al despertarse a la mañana siguiente, él se encargaría de salir a comprarse una camisa nueva.

En la taberna, la gente conversaba animadamente al ritmo del calor del vino, las cortas piezas musicales que provenían de un antiguo piano colocado junto a la barra, y la esbelta figura del joven pianista inmerso en el mundo de sus creaciones.

Carlos volteó la cabeza para captar así la atención del mesero de turno, cuando de repente, con ayuda del rabillo del ojo izquierdo, detectó la inconfundible presencia de Alba; de pie, junto a la puerta, mirando de un lado a otro.

No ha cambiado en absoluto-, pensó él, al ver su larga cabellera castaña y el fino semblante perfilado que en tantas ocasiones, bajo la luz de la luna, él había tomado entre sus manos con delicadeza, con el fin que éstas memorizaran cada detalle de éste para quizá, no olvidarlo jamás.

De una manera casi instintiva, Carlos se puso de pie y se dirigió hacia ella, no sin antes, haberse prometido a sí mismo que iba a actuar con mucha tranquilidad y lograr así, mantener la calma en todo momento, hasta donde fuera posible; a pesar del giro que la conversación tomara en el momento en que el vino le llegara de repente, al corazón.

-¡Hola!... ¿Te mojaste?-, preguntó él, visiblemente preocupado por ella.

-¡No!...con esta gran sombrilla, podría tapar a seis personas-, respondió ella, al hacer uso de su acostumbrado sentido de humor, como si ella intentara en vano, ocultar el nerviosismo que se había apoderado de ella en el momento en que había colgado el teléfono hacía dieciocho horas.

-Me senté ahí, junto a la ventana; si prefieres, podemos buscar otra que te guste más-, explicó él.

-¡No; esa mesa es perfecta!-, dijo-. Más bien... te agradezco mucho por haber venido.

-Yo feliz de tener una excusa para tomar un poquito de vino-, dijo él con una sonrisa.

-¡Eres el mismo!...No has cambiado-, replicó ella alegremente, al mismo tiempo que le agradecía, en silencio, por actuar como un caballero lo hace: sin mostrar resentimientos ni hacer caras largas.

La joven caminó hacia la mesa y con sumo cuidado colocó su sombrilla en la esquina, debajo del ancho marco de la ventana. Posteriormente, hizo el intento de quitarse la capa mojada, no obstante, Carlos se adelantó.

-Permíteme... y te ayudo-, exclamó él de forma instintiva, tomando de pronto, la capa por los hombros y levantando ésta para ayudarla así, a sacar los brazos de las mangas.

-Gracias-, respondió ella-. ¡No tienes idea del aguacero que está cayendo afuera!

-¿Viniste a pie desde la oficina?-, preguntó Carlos, no tanto porque deseara averiguar si ella había venido caminado; si alguien la había traído hasta ahí, o si ella, por sus propios medios, se había desplazado en su carro; sino más bien, su deseo por hacer un poco de conversación al mismo tiempo que ocultaba su creciente curiosidad por saber las razones por las cuales se encontraban ahí esa noche.

Mientras esperaba pacientemente la respuesta a su pregunta, Carlos se dirigió hacia el extremo opuesto de la mesa; tomó el respaldar de la silla con una mano, y la corrió hacia atrás para sentarse frente a la mujer que se encontraba ahí.

-No; vine en carro-, respondió ella mientras se acomodaba en la silla. – Yo acabo de salir de la oficina-, añadió calladamente.

No es preciso ser un alma en pena para haber sentido la terrible angustia, que en ese momento, sentía el hombre sentado justo en frente de la mujer a quien; hasta aquel día, no había olvidado; por más que lo intentara día tras día y en los días festivos.

-Pensaba ordenar una copa de vino tinto de la casa-, exclamó él, al mismo tiempo que colocaba ambos brazos sobre la mesa. -¿Qué te gustaría pedir?-, preguntó con cierta timidez.

-¿Vino tinto de la casa?... ¡Me gusta la idea!...Sí; pero, no quiero tomar más de dos copas-, contestó ella, riendo como no lo había hecho desde hacía mucho tiempo.

Carlos levantó la mano e hizo un breve gesto al mesero para captar así su atención, aunque en años anteriores, sin pensarlo dos veces, él se hubiera levantado de su silla y dirigiéndose a la barra, habría solicitado las bebidas.

No obstante, en este momento de su vida, sabía muy bien que esto significaría que ella se quedaría sin compañía en la mesa.

Supo entonces, que durante largos años, los inolvidables errores de juventud cometidos entonces, regresaban en medio de interminables noches de insomnio, consumiendo así su aparente tranquilidad con preguntas incesantes: ¿Y si yo hubiera...? ¿Y si yo no hubiera...? Quizá ella no habría...

-Perdona que te haya llamado así, de esa forma-dijo ella-; a la una de la mañana.

Carlos intuyó que era preciso dejar que ella hablara sin él hacer pregunta alguna, particularmente al inicio de la conversación; por lo que solamente se limitó a dar una breve respuesta: yo estaba leyendo... ya me conoces.

¡Mentira!; todos los que estamos leyendo esta breve historia sabemos bien que el pobre hombre se encontraba bien dormido cuando fue despertado, de súbito, por el ruidoso timbre del teléfono.

Afortunadamente, en ese mismo instante, se acercó el mesero con las dos copas de vino. –Aquí tiene, señorita-, dijo éste, al mismo tiempo que colocaba las copas sobre la mesa; primero, una para ella y luego, la segunda para Carlos.

-Y aquí tiene usted, señor-exclamó el joven en voz baja, con temor de interrumpir algo que inició años atrás.

¡Gracias!-, respondieron los dos al mismo tiempo, y dejaron escapar una risa de alivio.

-¡Salud!-, dijo Carlos levantando su copa y alargando su mano para tocar la copa de ella-. ¡Por cien años más de vida!

-¡No seas cruel!-, respondió ella con su acostumbrada risa auténtica y, sin preocuparse ni por un instante, por controlar ésta; en caso de que en forma muy sutil, su habitual risa se atreviera a fomentar la futura aparición de algunas arrugas indiscretas en su rostro.

Carlos rio de pronto, y lentamente giró su cabeza hacia la izquierda para mirar por la ventana.

Le resultaba sumamente inquietante tenerla sentada ahí, frente a él, al igual que en años anteriores, solían encontrarse en la pequeña taberna, y después de tomarse una botella de vino y reír como tontos, salían de ahí y tomados de la mano, se dirigían a su restaurante favorito para cenar.

Por unos instantes, se pudo escuchar sólo risas y palabras que provenían de todos los rincones de la taberna ya que el joven pianista, ubicado en una lejana esquina justo al lado del bar, tomaba breves descansos entre una pieza y otra; aprovechando los cortos momentos de entretenimiento proporcionado por el vino, pues ahí todos hablaban sin percatarse que la música había cesado.

Al ver que todos los presentes charlaban efusivamente mientras bebían y reían de forma animada, podía entonces el músico, tomarse un muy merecido descanso con el único propósito de tomar unos sorbos del vaso de agua mineral con limón; para proceder luego, a tocar la primera pieza de su siguiente colección de originales composiciones.

No obstante, a Carlos se le hizo insoportable el silencio que surgió entre ellos de súbito, después del brindis, y decidió entonces, enlazar el brindis y el chiste de ella con una breve pregunta: dime... ¿Por qué querías hablarme?-

Alba más temerosa que entusiasta respondió: Últimamente...he estado pensando mucho en algunas cosas; y lo más importante es que...necesito ofrecerte disculpas por la forma tan cortante y sumamente egoísta que utilicé para despedirme de ti aquella noche en que me fui...sin permitirte siquiera...que tuvieras la oportunidad de mandarme al carajo-.

-No lo pienses ni por un segundo-, exclamó él; no por orgullo, sino más bien porque era exactamente lo que él sentía. Seguidamente dijo: Las cosas se dieron en la forma en que ya estaban destinadas a darse, y no hay necesidad alguna de pedir disculpas; más bien, me alegra mucho poder sentarnos aquí a charlar.

Sintió como si estuviera obligado a decir unas palabras más y fue entonces que dijo: Después de todo, cuando existe una amistad, ésta no se aleja así porque así.

Por un instante, ella pensó que era justo el momento para confesarle que su relación de cinco años, debido a la cual ella se vio obligada a dejarlo a él sin ofrecerle mayor explicación en aquel entonces, se desmoronaba semana a semana; a pesar de los esfuerzos realizados de su parte por mantenerla a flote.

Ésta, durante el primer año, a decir verdad, funcionó de maravilla, sin embargo, la señal de peligro que su corazón comenzó a enviar fueron insistentes, al igual que un pájaro si en algún momento, un intruso se acerca a su nido; y por lo consiguiente, ella negándose a escucharle, hizo caso omiso a las advertencias de lo que, en forma inminente, estaba por venir.

A partir del segundo año de idilio la relación comenzó a desmoronarse con el paso de los atardeceres, al igual que los taludes de tierra arcillosa lo hacen, bajo el constante martilleo de las gotas incesantes en la época de lluvia.

Alba permaneció vacilante ante la copa de vino media vacía y la presencia de Carlos; el hombre que la había amado sin medida y respetado, como ningún otro lo había hecho hasta entonces.

-¿Quieres comer algo?-, preguntó él, deseoso de acabar con el silencio que sabía muy bien, era el sonido del primer trueno previo a la tormenta que se avecinaba.

-Ahorita no; pero, sí me tomaría otra copa de vino-, dijo ella, agradecida por haber sido él quien hubiera encontrado la forma de salir del silencio fantasmal que ella no pudo ahuyentar.

-Sí; nos trae otra copa de vino para cada uno, por favor-, exclamó Carlos apenas el joven mesero de turno se acercó a la mesa atraído por el delicado gesto que Alba había hecho, al levantar su mano al mismo tiempo que giraba su cabeza con el propósito de buscar al joven que corría de un lado a otro.

-Carlos... hay una razón muy importante por la que quería que nosotros habláramos-, dijo ella; finalmente, luego de terminar de un sólo sorbo, la primera copa de vino.

-Dime-, dijo él, sin inmutarse-. Ya sabes que por eso mismo he venido; aquí estoy para escucharte.

-Quiero decirte que realmente siento mucho la forma fría y egoísta en que te traté hace cinco años-, procedió. Y tomando fuerzas de un lugar que hasta ese momento era desconocido para ella, dijo: Debes saber que mi relación con Julián ha terminado, y en estos últimos dos años me he dado cuenta, a duras penas, que tú siempre me quisiste y nunca me trataste de manera injusta; mucho menos, en ocasiones cuando, por mi forma de ser, quizá si me hice merecedora de ello.

Carlos se incorporó lentamente en la silla, y tomando su mano entre las suyas, con suavidad, la miró a los ojos y le dijo: Primero quiero decirte que siento mucho que tu relación haya tomado un giro inesperado; luego, también quiero que sepas que la distancia que el destino nos proporcionó a ti y a mí no ha sido obstáculo ni presenta impedimento alguno para poder continuar nuestra amistad-. Una amistad no se da por vencida cuando el destino decide ponerla a prueba mediante las diversas artimañas que éste utiliza.

-Me gustaría poder continuar nuestra amistad-, exclamó ella, recobrando por un breve instante el intenso brillo de su mirada-. Realmente, quiero que nosotros dos podamos continuar siendo amigos, y poder así, reírnos de la forma en que lo hacíamos antes. Por cierto, ¿tú te acuerdas de como gozábamos por todo?-, añadió, fijando su mirada en los ojos del hombre, con el firme convencimiento de que aquel ser aun la amaba de la misma forma en que ella lo amaba a él, aunque en el pasado, llevada de repente, por una loca pasión ajena a su voluntad, abandonó a su compañero de vida; sólo para encontrarse una vez más, sentada frente a él.

En ese preciso instante, el mesero sin previo aviso, proporcionó un respiro a Carlos, al colocar dos copas de vino en la mesa; una para cada uno.

Seguidamente, el mesero giró la cabeza y volviéndose hacia la mujer preguntó: ¿Desean comer algo?-

-Por ahora no; gracias-, respondió ella con tono respetuoso.

-Y ¿usted?-, preguntó el mesero, al mismo tiempo que retiraba la copa vacía que Carlos había colocado al lado izquierdo de la mesa.

-Gracias-, dijo Alba, desde lo más profundo de su corazón, pues ella también agradeció la oportuna interrupción que éste causara al llegar a la mesa.

Una vez que el mesero se hubo retirado, Carlos prosiguió: Déjame contarte que el año pasado tuve un accidente en moto; no me pasó nada, milagrosamente, no obstante, a partir de ese momento me percaté que la vida tiene una forma peculiar de mostrarnos que nunca es buen momento ni existe excusa alguna para desperdiciarla, apegándose a viejos rencores ni recuerdos dolorosos del pasado-, dijo; y seguido de una pausa añadió: A decir verdad, inclusive logré comprender que tanto los recuerdos como los rencores no cumplen otra función más que, mantenernos detenidos en un tiempo que ya trascurrió.

Ciertamente, Alba le miraba fijamente con los ojos inundados de ternura mientras el pronunciaba palabras que solamente podían provenir de alguien que se había tomado el tiempo necesario para finalmente recapitular los acontecimientos de toda una vida; para luego tomar estos uno por uno y encuadernarlos. Y de esta manera, a su debido tiempo, presentárselos a sus seres queridos en momentos en que estos requieren de ellos para logra así, continuar sus diversos caminos en medio de espinas y piedras que, de forma inevitable, aparecen durante el breve trayecto de la vida en este planeta.

Luego de una larga pausa, Carlos tomó la copa entre sus manos y mirando dentro de ésta, buscando palabras que pudieran estar ocultas tras las intensas tonalidades de rojo, continuó: Y quedarnos en él, solamente impide que nosotros nos mantengamos en constante movimiento, en el curso normal de toda una vida; permitiendo de esta manera, que el cuerpo se deteriore día a día, al mismo tiempo que el alma se queda encerrada en una jaula impermeable a todo sentimiento que provenga de la felicidad.

-Sí; pero, dime entonces, ¿qué sucede cuando alguien te hiere y aun no logras sacarte este recuerdo de tu mente, porque sabes que la otra persona tuvo la satisfacción de salirse con la suya?-, preguntó ella con cierto dolor, pensando no solamente en la experiencia reciente, sino más bien, en agravios y malos tratos recibidos de personas que, en una ocasión u otra, se habían presentado en su vida disfrazados de amigos.

-¡No importa!-, dijo él, efusivamente-. Lo que sucede es que...los únicos que sufren son ellos ya que todo en esta vida evoluciona, y cuando algún ser humano, de forma premeditada, le causa un daño a otro, es él mismo quien debido a su comportamiento atrae todo tipo de extraños e imprevistos acontecimientos a su vida. Ahora, si ese ser llegara a arrepentirse de haber causado daño a otro, y logra descubrir adentro de sí el valor suficiente para ofrecerle disculpas, entonces se libera de las cadenas impuestas por él mismo o por ella misma.

-Y en el caso mío, en que yo te dejé por otro hombre; ¿creés que yo pagué esto con creces con el rotundo fracaso de mi relación?-, preguntó ella, un tanto temerosa de la respuesta.

-No, en absoluto-, respondió él con toda sinceridad-; este es un caso muy diferente.

En su preocupación por aliviar el sentimiento de culpa que pudiera generarse de tales filosofías existenciales, él añadió: Nuestra relación tuvo un desenlace prematuro; fíjate que fuimos amigos por solamente tres semanas, y luego nos pasamos a vivir juntos como pareja. En realidad, te digo que a mí me parece que ambos actuamos de forma realmente impulsiva, y... como consecuencia natural de esto, ninguno de los dos se brindó el tiempo requerido para luego entablar una relación duradera.

Debió permanecer callado por unos segundos y luego añadió: En todo caso, pienso que ya el pasado ha quedado atrás; y en lo que a mí respecta, no veo razón por la cual nosotros no podamos hacer el intento de reiniciar nuestra amistad; en este mismo instante... ¡de veras!; te lo aseguro.

-Entonces; ¿me perdonas?-, preguntó ella con cierta timidez-. Si me perdonas o me has perdonado ya, no significa jamás que yo sea menos culpable de no haber pensado con anticipación; siendo así egoísta y calculadora. Además, -prosiguió, decidida aun a dejar en claro sus intenciones: Y como consecuencia de esto, haberte herido.

-Es que no se trata de perdonar o no perdonar-, respondió Carlos con sonrisa fácil y afectuosa-. Las cosas siempre suceden porque tienen que suceder; y no te olvides que nosotros siempre hemos sido amigos y eso es lo que cuenta. Y ahora; ¿qué te parece si comemos algo?-dijo-. Pues, tenemos que llenar el estómago con algo sustancioso antes de ordenar una botella.

-¡Sí!; estoy muerta de hambre-, dijo ella de repente, con risa natural y segura de sí misma por haber tenido el valor de enfrentar sus propios errores, en lugar de justificar éstos mediante excusas fabricadas con el fin de culpar a otros.

Por un instante, las risas y la música proveniente del otro extremo del bar habían cesado... como por arte de magia, y después de unos segundos, se volvieron a escuchar; permitiendo de esta forma, que en esta ocasión ellos pudieran continuar con la sincera conversación que estaba destinada a darse.

¡No Tengo Por Qué Tener Miedo!

-¡Un día de estos te van a hacer pagar el precio de tu valentía!; hijo mío-, exclamó con dolor la angustiada madre, lanzando a su hijo una mirada de madre como sólo lo hacen las verdaderas madres de la Naturaleza: amorosa, suplicante y colmada de preocupación; aunque muy adentro de su corazón, ella sabía muy bien que este hijo había salido igual a ella.

Acostumbrada a trabajar desde la temprana edad de los diecisiete años, Ángela sabía con certeza que el mundo pertenecía a los valientes, y sólo por esta razón, ella sonreía cada vez que se sentaba frente al espejo de la cómoda y tomaba el cepillo para peinar su larga cabellera negra antes de empezar un nuevo día lleno de retos.

Sonreía, pues tenía ella, sobradas historias que compartir con sus nietos cuando éstos se toparan, frente a frente, con las diversas oportunidades que la vida nos coloca en el camino con el propósito de elegir entre los cobardes y los valientes.

Su hijo Ernesto, también de pelo negro lacio y de contextura delgada al igual que su madre, no era sólo un habitante más del botadero de basura municipal de Río Azul; sino más bien, uno de los primeros en iniciar una lucha por el cierre de éste, luego de largos años de recibir casi quinientas toneladas diarias de olorosos desechos de todo tipo; provenientes de los habitantes del Gran Área Metropolitana.

Algunos años atrás ya, el gobierno de turno junto con la municipalidad cantonal, decidió abrir un relleno sanitario a cielo abierto en un terreno totalmente inapto para el desarrollo inmobiliario, pues a escasos metros de ahí pasa una larga falla sísmica activa.

Con el tiempo, los inmensos camiones que transportaban la basura llegaban hasta el botadero a dejar desechos que no le eran de utilidad a las gentes de la ciudad, no obstante, éste con el tiempo llegó a representar, una innovadora forma de ganarse la vida para algunos.

Y de esta forma, surgió una forma empírica de reciclaje: los buzos.

Sumergidos en medio de toneladas de basura, bolsas de plástico, rotas ya por la acción de los abundantes zopilotes que anidaban cerca del lugar, los buzos encontraban todo tipo de material reciclable que lograban acumular en bolsas tamaño jardín, para luego remontarse hasta la ciudad y entregar estos a supermercados, cantinas y ferreterías a cambio de sólo unos cuantos colones por pieza.

Al final de una larga jornada diaria de arduo trabajo, sumergidos éstos entre los escombros y los malos olores, lograban de esta forma traer el diario sustento a sus humildes hogares.

De una forma u otra, construían con gran habilidad, carretones de madera pintados de alegres tonalidades de amarillos y naranja, movidos por viejas llantas de bicicleta, colocando en ellos botellas de vidrio de variados tamaños que luego serían entregadas en las ferreterías, donde los empleados de éstas las llenaban con canfín y agua ras.

Además, lograban rescatar enormes cantidades de botellas, recipientes de plástico y papel periódico, los cuales resultaban de gran utilidad, tanto para las carnicerías ubicadas adentro de los mercados municipales que envolvían los cortes de carne en papel periódico como para otros negocios ubicados en los mismos sectores.

Y ¿quién soy yo para juzgarlos por no encontrar otra fuente de trabajo que no fuera ésta?

Al fin y al cabo, cuando una cosa nace, de inmediato surge la creatividad en las personas, logrando sacar provecho de algo que otros no consideran de utilidad.

En todo caso, a petición insistente de los habitantes de la comunidad, el gobierno de turno hizo una promesa; la cual, como sucede en estos casos al igual que en tantos otros países en vías de desarrollo, no llegó, como era de suponerse, a cumplirse en la fecha estipulada.

Estamos hablando de quinientas toneladas de desechos que llegaban ahí a diario, traídas por enormes camiones que no sólo recogían la basura de todas las casas de San José, sino que también, dejaban rastros de basura a lo largo de las calles durante su larga travesía por el centro de la ciudad, hasta llegar a su destino final.

Por esta razón, comenzaron los comentarios entre los habitantes del vecindario que colindaba con el relleno sanitario, respecto a las aflicciones que paulatinamente, iban afectando a todos los miembros de la comunidad.

Y éstos llegaron con prontitud a los oídos de Ernesto.

A pesar de vivir a sólo un kilómetro del relleno sanitario, el líder innato asistía a diario junto con los demás niños de la comunidad, a la escuela que reunía tanto niños como adolecentes a la hora del descanso. Y fue durante estos cortos momentos de relajación compartida que, sin previo aviso y cosas del destino, Ernesto comenzó a escuchar todas y cada una de las narraciones de sus compañeros y amigos de éstos.

Un niño de escasos ocho años de edad, contó en una ocasión, como su hermano menor de tres años había ido a parar al hospital, de improviso, luego de intensos dolores estomacales seguidos por largas noches de insomnio; debido al incansable llanto del menor.

No pretendo aquí entrar en detalles, no obstante, es necesario argumentar que las familias sufrieron el efecto de las plagas que se propagaban entre la basura acumulada en el lugar.

Sin lugar a dudas, todos sabemos casi de forma intuitiva que no siempre lo que está bien para la inmensa mayoría de la población resulta ser una solución justa para todos, ni tampoco se debe pretender cerrar los ojos ante el obvio sufrimiento de las personas más necesitadas; particularmente, cuando de niños se trata .

Y es precisamente este punto lo que me lleva a contarles a ustedes una de las más interesantes historias de valentía: la historia de Ernesto. Pues ésta se da en un país donde muchas personas del Hemisferio Norte erróneamente piensan que no existen ahora, ciudadanos que intenten, de una forma u otra cambiar las cosas; y que por esta razón piensan que todos nosotros somos solamente unos conformistas.

Un día, cansado ya de escuchar tantas historias acerca de la miseria que las personas de su comunidad vivían, Ernesto decidió que ya era hora de intentar hacer algo al respecto; y justamente por esto, el joven se reunió con algunos de los vecinos en la esquina de su casa bajo la luz tenue de un alto poste del alumbrado público, cuyo denso tendido eléctrico, ya a las siete de la noche, se encontraba libre del ir y venir de los zopilotes; amos de dicho territorio.

-Me gustaría que nos reuniéramos en mi casa para hablar de lo que vamos a hacer-, les dijo él a los vecinos que se encontraban congregados ahí-. ¿Qué les parece si mi mamá nos prepara un cafecito y nos sirve de guia mientras nosotros discutimos un plan de acción?

-¡A mí me parece perfecto!-, exclamó don Abel; un señor mayor de sesenta años de edad, cuyo nieto de dos años había muerto el mes anterior a causa de una grave infección intestinal que le quitó la vida en el trascurso de una semana, a pesar de los incontables esfuerzos realizados por los médicos especialistas del Hospital De Niños, para poder sacarlo adelante.

-Pues, algo tenemos que hacer-, respondió también doña Inés; una señora de unos cuarenta y seis años de edad, quien desde hacía ya muchos años, a su vez padecía de constantes reacciones alérgicas producidas por los gases que noche tras noche y día tras día emanaban de la basura cuando al mediodía, el intenso sol del trópico descargaba todo su poder sobre los bultos de desechos acumulados; y esta iniciaba su natural, lento proceso de desintegración, produciendo todo tipo de gases livianos que, sin dejar pasar un día, eran llevados hasta los humildes hogares por la leve brisa que soplaba en la zona durante marzo y abril; los meses más famosos por ser éstos los meses más calientes del año.

Los demás presentes hicieron un gesto de aprobación con sus cabezas y de esta forma, Ernesto procedió a convocar la reunión: Bien,-dijo, mañana a las siete de la noche en mi casa.

Seguidamente, giró sobre sí y volviéndole la espalda al relleno; en todo sentido de la palabra, se dirigió hacia su casa donde su madre le esperaba con la mirada fijada en un sólo punto; al igual que lo hacen las brújulas.

-¿Dónde andabas, Ernesto?-, preguntó la madre, visiblemente aliviada al ver a su hijo entrar por la puerta de la casa sano y salvo.

-Andaba por ahí; ya tú sabes-, respondió él. Luego, caminó hacia la cocina y se dirigió directamente hacia la refrigeradora; abrió la puerta de ésta y sacó el pichel plástico de refresco para colocarlo sobre el moledero y servirse así un vaso de limonada.

La madre entró a la cocina y colocó su mano derecha sobre el respaldar de una silla; seguidamente, la jaló hacia atrás, y se dejó caer en ella.

-Mamá; mañana por la noche tenemos una reunión aquí a las siete-, dijo sin esperar respuesta de su madre-. Mañana vendrán algunos vecinos para hablar acerca del relleno.

¿Y?; pero, ¿de qué van a hablar, Ernesto?-, preguntó ella, levantando por reflejo involuntario, ambas cejas en señal de curiosidad o quizá en señal de protesta.

-Mamá no quiero que te asustes, pero las cosas han llegado a un punto donde necesitamos tomar cartas en el asunto-, replicó-. Ya no es posible continuar con el relleno, y mañana vamos a discutir todas las posibilidades que se nos puedan ocurrir para exigir el cierre de éste.

-¡Estás loco Ernesto!... ¿Cómo se te ocurre que un grupo de personas que no tienen ni cama donde caer muertos van a lograr que el gobierno les dé, así porque sí, una oportunidad de ser escuchados?-

-No sé mamá; realmente no lo sé-, dijo él-. Pero, hay una cosa de la que sí estoy seguro; y puedo asegurarte sin la menor duda, que si todos unidos formamos un frente, entonces podemos lograr cualquier cosa que nos propongamos. Además-prosiguió; si en otros países, más pequeños que el nuestro, la gente lo ha logrado, ¿por qué nosotros no hemos de hacerlo, también?

¡Ay... por Dios!-, exclamó la mujer, como único comentario, al no encontrar ninguna otra cosa que decir.

-Mamá, si yo hubiera muerto debido a una enfermedad causada por una mordedura de rata...estoy seguro, y nunca lo he puesto en duda, que tú hubieras sido la primera persona en convocar el pueblo a una reunión-, exclamó el joven efusivamente-.

¡Está bien!..¡Está bien!; tienes razón-, respondió la madre-. Solamente quiero protegerte, Ernesto-, añadió; y sacando el pecho como un yigüirro cuando otra ave se acerca al comedero donde a diario saborea trozos de papaya y banano , la madre colocó ambos brazos sobre la mesa y dijo: Mañana hago café y algo de comer para todos... y que se sienten donde puedan: en las sillas o en el piso.

-¡Gracias mamá!-, exclamó el joven con lágrimas en los ojos, producto de la emoción causada por el apoyo que su madre le había brindado, tanto en esta ocasión como en muchas otras.

-Yo te prometo que...cuando veas que ya los niños no se enferman y que todos empecemos a sentirnos más dignos de vivir como todos los seres humanos...vas a darte cuenta que cualquier cosa que hicimos, seguramente habrá valido la pena-, dijo él-. Y ahora...me voy a ir a dormir, pues ya tengo sueño-añadió.

-¡Anda!; ve a dormir... que mañana tenemos mucho que hacer-, respondió ella, abrazando a su hijo como si nunca antes lo hubiera hecho.

Su hijo también la estrechó entre sus brazos y la soltó de repente, para luego dirigirse hacia su habitación ubicada a solo diez pasos de la cocina.

Evitando hacer ruido, Ángela entró a su habitación caminando de puntillas y se dirigió hacia la pequeña mesa donde ella podría trabajar en su computadora.

Luego, una vez sentada frente a ésta, procedió a encenderla y mientras esperaba que todos los programas se cargaran, pensó en el texto apropiado para una nota de convocatoria a la reunión de esa noche.

De inmediato, redactó una nota que decía así:

Para: Todos los vecinos de Río Azul
De: Ángela y Ernesto
Asunto: Reunión para tratar tema sobre relleno sanitario
Lugar: Casa de Ángela y Ernesto
Fecha y Hora: jueves 21 a las 7 p.m.

Una vez que terminó de escribir sus ideas, procedió a imprimir veinte páginas que contenían seis notas de convocatoria en cada una; es decir, un total de ciento veinte notas: una para cada residencia; aunque fuera solo un pequeño rancho cuyas paredes estuvieran construidas por cuatro láminas de zinc, colocadas en forma vertical y unidas entre sí mediante unos hilos de alambre.

La noche había caído con deseos de traer a todos los vecinos un merecido descanso, y fue justo por este motivo que Ángela decidió aceptar su invitación, pues de pronto, se fue a su dormitorio y se cambió de ropa.

Luego, se acostó sobre la cama y al cabo de unos minutos, cerró los ojos.

A la mañana siguiente, despierta ya gracias al primer canto del gallo, la mujer se dirigió al baño y entró a la ducha.

Mientras el chorro de agua fría recorría su cuerpo mezclándose con el jabón de barra, sintió como si estuviera cargada de energía; dispuesta a realizar cualquier tarea que se le pusiera por delante.

Voy a ponerme el vestido de color aguamarina con pequeñas flores amarillas, pensó-; luego, dando un salto, salió de la ducha y envuelta en un paño de playa que el padre de Ernesto le había regalado cuando se conocieron, salió del baño y se dirigió al armario para buscar el vestido que había elegido ponerse con el fin de verse bien presentada cuando tomara las calles de la comunidad entre las siete y las siete y media de la mañana.

-¿Cómo dormiste anoche?-, le preguntó ella a su hijo, al encontrarse a éste en la cocina sirviéndose un plato con arroz, frijoles y un trozo de carne que guardó en la refrigeradora la noche anterior, y por motivos que todos podemos comprender, no logró comerse.

-¡Mamá!... ¡Qué linda te ves!-, exclamó el joven, al notar de pronto, el colorido vestido que su madre lucía.

-¡Gracias!,-exclamó ella con cierta timidez, al mismo tiempo que permitía que dos lágrimas indiscretas asomaran a sus ojos.

-Apenas salgas para el colegio yo voy a ir por todo el vecindario a repartir invitaciones para la reunión de esta noche-, dijo.

-¿Qué dices?-, preguntó el joven con asombro.

-¡Sí!, anoche cuando te fuiste a dormir, me senté frente a la computadora y redacté una nota convocando a los vecinos a presentarse esta noche-, dijo-. De hecho, añadió; a las siete en punto, planeo ir de casa en casa para repartirlas y hablar con cada uno de ellos.

-¡No sabes cómo te lo agradezco mamá!...de veras-, replicó el joven, satisfecho y a la vez sumamente orgulloso de su madre; quien, en varias ocasiones tardaba algunos instantes en reaccionar de forma positiva, pero al final de cuentas terminaba siempre apoyándole en todo lo que él emprendiera.

-Bueno, voy a lavarme los dientes y me voy-, dijo él, levantándose de la silla y caminado en dirección al baño.

-Y yo me pongo a lavar los trastes y me alisto para salir-, dijo ella, con orgullo por tener un buen plan de acción que ayudara a su hijo a poner en marcha sus objetivos mientras éste, en el colegio, se preparaba para lograr tener un futuro brillante que luego podría compartir con sus hijos; si es que al llegar a la edad propicia, lograba conocer una mujer como él y formar así una propia familia.

Normalmente, ella se quedaría en casa preparando empanadas y otra repostería con el propósito de ofrecérselas a sus clientes cuando estos llegaran a sentarse en las tres mesas que había dispuesto en la cochera, pero en esta ocasión, en cuanto observó que su hijo se perdía en la lejanía, tomó las notas de convocatoria y cerrando la puerta de la humilde vivienda sacó pecho y se lanzó a la calle; impulsada por el firme sentimiento revolucionario que acompañó a muchos héroes sobre los cuales había leído en sus años de juventud.

Ángela, una mujer de piel tostada, nariz perfilada, ojos color miel de abeja, y piernas largas y delgadas, caminó por la calle de lastre y piedras, colocando sus pies uno frente a otro y con la cabeza en alto.

Tengo que convencer a cada uno de los vecinos de esta comunidad para que asistan a mi casa esta noche-, pensaba; y no continuó pensando porque un zopilote voló muy cerca para escuchar lo que ella planeaba.

Bajo el calor del sol a tempranas horas de la mañana ya, llegó; por fin, hasta la última casa de la comunidad; y fue justo en este sitio donde comenzó su trayectoria por el humilde vecindario.

-¡Upe!-, exclamó al llegar frente a la pequeña casa de puerta de madera pintada de color verde hospital y una sola ventana de marco de madera.

-¿Sí?-, se escuchó una voz femenina proveniente, seguramente, del patio de pilas.

-¡Ya voy!-, añadió.

De pronto, la puerta cedió ante la figura de una anciana de más o menos setenta años de edad. Su sonrisa natural contrastaba con la figura delgada de una de esas personas que no se ha dejado vencer por los predecibles estragos que causa el metabolismo cuando uno se lo permite; por un sólo instante.

-¡Disculpe!-, dijo-. Yo me llamo Ángela-, añadió-. Vengo a dejarle esto... es para unir esfuerzos a ver si solucionamos lo del relleno.

La anciana leyó el papel en voz alta, acompañada por un súbito sentimiento de camaradería; luego, tomando el llavín de la puerta con su mano izquierda para disponerse a ir de regreso al patio de pilas y continuar con la lavada, dijo: ¡Ahí estaré!... ¡Pueden contar conmigo!-.

-Gracias-, respondió Ángela, al mismo tiempo que cerraba el pequeño portón de madera con un gancho que tenía para tal propósito.

Y de esta forma, sin mirar atrás, continuó su camino; de casa en casa, de puerta en puerta y con los pies cansados ya.

No obstante, la mujer se encontraba con el espíritu encumbrado como un papalote en una tarde ventosa, por el constante fluir de adrenalina que su cuerpo fuerte y sano, producía con cada encuentro que tenía con los vecinos.

Por cada camino, la mujer anduvo y anduvo hasta quedarse sin una sola nota de convocatoria en sus manos; observada de lejos por tres buzos y un par de zopilotes que se habían agrupado en una esquina.

Una vez que entregó la última nota, se dirigió a su casa para preparar el almuerzo y la deliciosa repostería que iba a vender esa noche a cada uno de los asistentes. Una taza de café y dos empanadas de piña pequeñas por quinientos colones, pensó.

¿Por qué no?...puedo aprovechar la visita de todos para hacerles un poco de publicidad a mis productos. Y con esto en su mente aunado a la perseverancia que tanto la caracterizaba, inició sus labores mientras Ernesto estudiaba en el aula del colegio.

Muy convenientemente, sonó el teléfono y ella corrió a atenderlo. –¡Aló!-

-Ángela...habla Camila...no sé si te acuerdas de mi-, dijo una voz amigable al otro lado del auricular.

-Sí...claro que sí-, respondió ella-. Usted es la primera persona a la que yo visité esta mañana-, añadió.

-Quiero contarte que hay tres buzos en la esquina de mi casa, y no te cuento esto con intención de preocuparte, pero me pareció escucharlos hablando sobre la reunión de esta noche y creo que no les gusta para nada-, dijo la anciana, con el único deseo de alertar a su vecina por si los individuos planeaban causar algún tipo de revuelo o, dicho sea de paso, enviar a alguien para causar problemas o evitar de alguna forma que los vecinos se reunieran.

-Gracias Camila...de hecho, no había considerado esa posibilidad; pero, al ponerme en alerta, me has dado chance de pensar en eso también-, dijo en voz baja-¡Te lo agradezco!

-Con gusto; yo te prometo que te aviso si escucho o veo algo raro-, respondió ésta, en total complicidad con la noble causa.

Ángela colocó el auricular sobre la mesa y se sentó en una silla junto a la ventana que daba a la calle. Debía pensar en las consecuencias que el cierre del relleno traería para estos hombres; acostumbrados ya a ganarse el sustento de sus familias, mediante la tarea de recoger chatarra y desechos plásticos para luego ir a venderlos a la ciudad.

Debo manejarlo de manera preventiva-pensó. Seguidamente, se levantó de la silla y se dispuso a continuar con la preparación de la comida.

El cielo repentinamente nublado, acompañó a Ernesto, al igual que a un grupo de aproximadamente diez jóvenes que caminaban de regreso a sus casas.

Estos jóvenes, de manera intuitiva, previamente acordaron caminar juntos con el propósito de protegerse en caso de que la reunión programada para la noche al igual que reuniones posteriores, pudieran traerles consecuencias inesperadas.

Tan pronto como Ernesto llegó a la entrada de su casa, los demás jóvenes continuaron andando hasta llegar a sus hogares, seguidos por la mirada protectora de éste, hasta asegurarse de que todos habían llegado sanos y salvos, pues ya habían discutido sobre de la remota posibilidad de incitar revancha de parte de los buzos.

Al entrar por el portón de hierro que su madre había mandado a hacer, a punta de ahorro diario, echó un último vistazo hacia el final de la calle y, de repente, notó un grupo de tres buzos, reunidos bajo el mismo poste donde apenas la noche anterior había convocado a los vecinos a congregarse con el fin de idear un plan.

Seguidamente, giró su cabeza hacia la dirección opuesta fingiendo que miraba hacia todos lados antes de cerrar el portón; sacó la llave de éste y cerrando la puerta de hierro, metió la llave y cerró el portón, al igual que lo hacía en las noches.

A pesar de no haber sucedido ningún problema en el pasado, pensó en el dicho que su madre usaba a diario: "Hombre prevenido, vale por dos".

-Mamá-, exclamó al mismo tiempo que colocaba los libros sobre la mesa del pequeño comedor y se dirigía al baño para lavarse las manos.

-¡Hola belleza!-, exclamó la madre alegremente al ver a su hijo de regreso a casa-. Ya sabes que te estaba esperando-, añadió.

-¿Qué hay de almuerzo, Ma?-, preguntó Ernesto.

-Hay pescado frito, puré de papa con bastante leche, vainicas tiernas y zanahorias sudadas en mantequilla; y también, una ensalada de repollo con tomate-, exclamó ella, al mismo tiempo que colocaba un tazón de vidrio con las verduras y un plato alargado de cerámica azul con cuatro filetes de tilapia en la mesa.

Una vez que se encontraban sentados, la madre hizo todo lo humanamente posible por abstenerse de hacer ningún comentario respecto a la llamada de alerta de su vecina, no obstante, Ernesto sacó el tema a flote: Mamá, los dos sabemos que los buzos van a reaccionar ante el posible cierre del relleno, una vez que nosotros nos reunamos esta noche; a mí me parece sensato que nosotros dos pensemos en unas alternativa que les podamos ofrecer para que no pierdan su forma de ganarse la vida-, dijo, mirando a su madre fijamente.

-Ya lo he pensado Ernesto; de hecho, lo he pensado toda la mañana, y he llegado a una conclusión-, dijo-. Vamos a plantearles a los vecinos que ya

debemos comenzar una campaña de reciclaje para que todos los lunes y los jueves se apersonen aquí mismo, frente al portón, y que dejen todas las bolsas con botellas y recipientes plásticos; otras con latas y otros recipientes de aluminio.

Además, en cajas de cartón que con gusto don Pedro nos puede dar, pues también él tiene necesidad de deshacerse de las cajas en las que recibe su mercadería.

Seguidamente, luego de un par de segundos en silencio, añadió: Vamos a pedirles a los vecinos que coloquen los periódicos y papeles que ya no utilizan.

-Mamá; ¡eres increíble!-, respondió Ernesto. Acabas de dar en el blanco; después de todo, el mundo gira alrededor de los intereses mutuos. Ahora mismo me voy a sentar a preparar el discurso de introducción, ya que es posible que los buzos no se hagan presentes, pero ellos pueden mandar a alguien para que escuche todo lo que se va a hablar esta noche. Además, me acabas de dar una excelente idea para introducir el tema.

-Bien; no perdamos tiempo-, respondió ella-. Yo te guardo el postre en la refri; anda, y haces lo que tienes que hacer.

De inmediato, Ernesto tomó el plato vacío y poniéndose de pie, lo colocó en el fregadero; tomó la esponja que estaba dentro del recipiente plástico verde con jabón lavaplatos y enjuagó el plato en el que había comido para luego dejar que el agua se llevara los residuos de jabón.

Seguidamente, colocó el plato en el escurridor de platos, y tomando el vaso con refresco que había quedado sobre la mesa, se dirigió a la mesa que servía de escritorio donde podía comenzar a redactar su discurso.

Casi al instante y como dirigido por una voz divina, el joven se dispuso a comenzar; y por veinte minutos, escribió sin cesar.

Una vez terminado éste, Ernesto se lo enseñó a su madre, cuya mente objetiva iba más allá del idealismo de su hijo, y juntos poder así, lograr llevar a cabo un plan con el éxito garantizado desde un principio.

Ambos se quedaron en casa por el resto de la tarde; esperando con ansias, la visita de los habitantes de la comunidad.

A las seis y media de la tarde, la madre se cambió de ropa y el hijo acomodó algunas sillas alrededor de la humilde salita, adornada por dos grandes macetas de barro cuyos bordes soportaban el peso de los ramilletes de flores amarillas y rojas que colgaban hasta casi tocar el piso.

Unos minutos antes de las siete de la noche se escuchó un fuerte saludo proveniente de la calle: ¡Upe!; el cual hizo que Ernesto saliera a abrir la puerta.

Y ¡Cuán grande fue su sorpresa!, al ver un grupo de vecinos congregados en la calle.

Algunos traían tazas y platos, otros traían sillas plásticas que mantenían en los corredores de sus casas para sentarse en las tardes y ver pasar los camiones; otros traían cojines para sacaría de la situación que todos habían compartido desde la fecha en que inició el proyecto del relleno sanitario en su comunidad.

-¡Bienvenidos!-, exclamó Ernesto haciendo un gesto con la mano: ¡Pasen, por favor!

Y de esta forma, fueron pasando uno a uno y de dos en dos, hasta que ya no hubo un solo espacio en la vivienda que no estuviera ocupado por alguien.

A los pocos minutos de haber entrado la mayoría de las personas, Ernesto se detuvo en media sala y comenzó a recitar la introducción del tema de la noche, con tanta fluidez y soltura de palabras que su madre no hizo otra cosa más que admirarlo, al mismo tiempo que los vecinos levantaban la mano para poder así proponer sus ideas.

Una vez finalizada la reunión, luego de comprar empanadas y café, además de lograr, por acuerdo unánime, el inicio del proyecto de reciclaje previo a solicitar el cierre definitivo del relleno sanitario, los vecinos se retiraron de ahí charlando alegremente y felices de, finalmente, ser parte de un ambicioso proyecto cuyo desenlace les traería una solución digna a sus problemas.

Para no hacer el relato demasiado largo, permítanme los lectores contarles, que el ingenioso proyecto de reciclaje propuesto por Ernesto en la reunión, fue un éxito rotundo desde el inicio. A su vez, Ernesto fue participe de varios intentos de cierre del relleno, propiciado por todos los vecinos en protesta por el atraso en el cumplimiento de las cuantiosas promesas del gobierno.

No obstante, luego de treinta y cuatro años de vida, el relleno fue cerrado definitivamente; y en éste, hasta el día de hoy, se lleva a cabo un proyecto para reforestar el área con árboles de especies nativas y de esta forma, atraer aves de las colinas circundantes.

Con mucho pesar les digo que ya doña Ángela no se encuentra entre nosotros, y debo decirles también que más de quinientas personas asistieron a su velorio, pero su legado vivirá para siempre en el corazón de Ernesto, al igual que lo hace en el resto de los corazones de los miembros de una comunidad; orgullosos por haber tomado decisiones temerarias, sin las cuales, no estarían hoy libres de plagas y enfermedades.

Por Una Causa

Aquellos que saben que existen acontecimientos improvistos que pueden llevar a la gente a tomar medidas extremas cuando su forma de ganarse la vida, por medio de una ocupación honesta, se ve de pronto amenazada, comprenderán las razones por las cuales un lunes; justo a las ocho en punto de la mañana, la capital, una vez más, fue escenario de uno de los más antiguos conflictos sociales entre la policía y los vendedores informales.

La policía municipal es enviada a las calles por el gobierno de un país con el fin de enfrentar este variado grupo de personas, quienes salen de sus casas a las dos, o tres de la mañana, con el propósito de llegar de madrugada a cuidar el lugar que les permite generar recursos para brindarle a sus hijos lo poco que sus productos al cabo de un mes puedan generarles.

Y es el gobierno, quien con intención de proteger los contribuyentes de impuestos, ejerció fuerte presión sobre este grupo de ciudadanos que no hacen otra cosa más que, echar mano de los únicos recursos disponibles con el propósito de llevar el sustento diario a sus familias.

Y este es el verídico caso de los vendedores ambulantes, o *vendedores informales*; como de tal manera lo estipula la ley.

En realidad, hay dos tipos de vendedores que ocupan el espacio público de las calles del centro de las ciudades de nuestros países del Hemisferio Sur: los vendedores estacionarios y los vendedores ambulantes.

Y como bien sabrán ustedes ya, en la mayoría de los países extensos y no tan extensos de Latinoamérica, los vendedores estacionarios ocupan un pequeño espacio en las aceras, no mayor a dos metros lineales, en el cual ellos han colocado un estante y exhiben aquí su mercancía bajo un humilde techo de madera pintado por manos de artesanos.

Estos son considerados pequeños negocios que operan de forma legal, pues tienen en sus manos una patente. En segundo lugar, mencionamos aquí, los vendedores ambulantes, cuyo negocio también constituye en vender todo tipo de mercadería.

No obstante, estas personas colocan una manta o un taburete en un espacio de la acera y exhiben allí su mercadería sin poseer documento alguno que les acredite como negocio legal.

Entre ellos pueden encontrarse mujeres que venden limones en dos bolsas de plástico con un letrero que dice 15x¢500; hombres que exhiben pequeños aguacates en una gran caja de cartón y otros que venden verduras.

Además se pueden ver jóvenes ofreciendo CD's *discos compactos* a precios accesibles para los transeúntes que laboran en construcciones, tiendas, y otros tipos de trabajos que les permiten comprar chucherías a bajos precios.

El caso es, que los vendedores informales procuran siempre tener la mayor movilidad posible ya que en ocasiones, sin previo aviso; sólo rumores, la Policía Municipal se hace presente para realizar redadas con el propósito de revisar la legalidad de sus operaciones y éstos, al enterarse de ello, deben mover su mercadería y ponerla a salvo en otro sitio; lo más rápidamente posible.

Lo logran de forma exitosa, ya sea corriendo hacia otro lugar que sea más seguro, o buscando un escondite que les permita tener su mercadería ahí hasta que la policía haya concluido su labor; llevando consigo más de una persona arrestada.

Ese lunes por la mañana, bien temprano, había salido yo rumbo a la ciudad con el propósito de darme una larga vuelta por las tiendas a lo largo de la Avenida Central, y de paso...¿por qué no?...pasar por el Mercado Central para adquirir ahí, unos rollos de hierbas medicinales.

La Avenida Central, ruta diaria de muchos, se encontraba a esta hora, abarrotada de gentes quienes acompañados por una sombrilla o paraguas, intentaban llegar pronto a las terminales de buses que los llevarían al oeste de la capital.

Al iniciar el ascenso a pie por la Avenida Central, mis sentidos notaron la presencia de la brisa proveniente del norte del Valle Central, y ésta muy generosamente, traía consigo algunas nubes blancas que tapaban... ¡por dicha!...de cuando en cuando, los intensos rayos del sol, que ya a tempranas horas de la mañana, comenzaban a calentar todo lo que encontraban a su paso.

Caminando al lado de otras personas, de pronto, llegué a la primera esquina y aguardé hasta que el semáforo se pusiera en rojo, para poder así cruzar la calle y continuar hasta el centro.

A esas horas de la mañana, algunas tiendas comenzaban a abrir sus puertas mientras que otras aun dormitaban, aseguradas por amplias, gruesas y plegables cortinas de hierro; sujetadas a los marcos de las puertas mediante fuertes candados cuya llave quedaba en manos de una persona de confianza.

Llegó a mí, de repente, el fuerte aroma de granos de café recién tostados en amplias pailas accionadas por largos brazos de acero, proveniente de una reconocida fábrica de café, donde era preciso pasar por lo menos en una ocasión con el fin de adquirir una pequeña bolsa de café molido; a precios no muy accesibles ya, debido al constante ir y venir de turistas extranjeros que no dudaban ni un instante, en pagar altos precios por consumir dicho producto.

Aproximadamente dos cuadras más adelante, a mí se me ocurrió la genial idea de entrar al reconocido Mercado Borbón, atraída por la posibilidad de encontrar en medio de sus largos pasadizos oscuros a ratos e iluminados por instantes, unos deliciosos y jugosos limones criollos: una especie de cítrico cuyos árboles se consideran un tesoro muy preciado.

Quiero decir, pasadizos oscuros a ratos e iluminados por instantes, pues el mercado se encuentra ubicado dentro de un antiguo edificio justo en el centro de una cuadra.

Por esta razón es un lugar sin ventanas, cuya exclusiva fuente de ventilación proviene de dos entradas: una por la Calle 8 y la otra por la Calle 10.

Al entrar ahí, comienza uno a bajar por un largo pasadizo flanqueado por pequeños tramos donde se venden todo tipo de frutas, olorosas hierbas medicinales, legumbres, vegetales y otros; al mayoreo y al detalle.

Perdidas entre los tramos, se encuentran las famosas *sodas*: lugares en los que se ofrece café negro y café con leche usualmente servido en vasos de vidrio al igual que tamales, gallo pinto, empanadas de frijoles, tortas de huevo y frescas ensaladas de frutas locales con helados caseros.

Caminé, entonces, en dirección al sur sobre la Calle 8 por dos cuadras, más o menos; pasando junto a los antiguos tramos de los vendedores estacionarios quienes a su vez, comparten buena parte de las calles secundarias con los vendedores informales.

Logré ver, pues, la extensa variedad de mercadería que tanto los vendedores estacionarios como los vendedores ambulantes exhibían, compartiendo espacios en la vía publica; a su vez, respetando mutuos acuerdos verbales en los cuales se comprometen a nunca hacerse entre sí, competencia desleal.

Dichos acuerdos se establecían sin requerir la asistencia legal de ningún abogado ni documentos de por medio; bastaba una simple conversación bajo la luz del sol.

Desde luego, este tipo de conversación iba acompañada de tonos de voz y palabras amenazantes, debido a que los vendedores estacionarios ponían siempre las cartas sobre la mesa, y dependía entonces, de los vendedores ambulantes aceptar éstas o no.

A escasos tres metros de distancia vislumbré el primer tramo ubicado en esa cuadra. Dicho tramo pertenecía a un vendedor estacionario, el cual en este preciso momento, negociaba precios con dos o tres clientes que se encontraban en el sitio mirando, de forma detallada, todo lo que en este tramo se exhibía.

Difícil tarea para el peatón, pues estos tramos ofrecían todo tipo de tentaciones para los ojos hambrientos del consumidor que pasaba por ahí, a tempranas horas de la mañana: jocotes verdes y pintones, mangos verdes, manzanas nacionales, mango verde cortado en largas tiras acompañado por medio limón mandarina y un poco de sal; previamente colocados adentro de bolsas plásticas transparentes.

También podían verse algunas banderas de Costa Rica, hechas de papel, exhibidas en el mes de septiembre por ser éste el mes de la patria.

A un lado se podían ver los vivos colores de los empaques de algunos dulces, al igual que bolsas de papas tostadas caseras y plátanos fritos de fábrica.

Realmente, yo no tenía intención de detenerme a comprar, pero sí caminé a paso lento con el fin de mirar la mercadería de alegres y vistosos colores, que de esta forma llamaban los prospectos clientes a gritos.

Ni tampoco es preciso tener mucha hambre para desear comprar las innumerables variedades de frutas que se venden en la calle, no obstante, todas las gentes que a diario deben transitar por el centro de la ciudad, caen en la enorme tentación de mirarlas, atraídos como aves a un racimo de bananos maduros; tanto por las fuertes tonalidades de sus seductores colores, como por sus diversas e indudables propiedades alimenticias.

Con este contraste de colores vívidos en mi mente, continué mi caminata hacia el Mercado Borbón, y cuando me encontraba ya a escasos pasos de llegar a la esquina paralela a éste, escuché un grito de advertencia; seguido por un sinnúmero de hombres y mujeres que corrían de un lado a otro, cargando su mercadería al hombro.

Justo por eso, me quedé ahí; sin moverme. Solamente me quedé esperando, junto con los latidos exaltados de mi corazón, el desenlace de la situación, pues había escuchado en la edición nocturna de las noticias que el gobierno había programado una orden de limpieza en las calles, pero no de limpieza de basura.

De repente, los vendedores estacionarios cerraron las anchas ventanas de madera de sus puestos y se quedaron de pie junto a ellos;

resguardando, con ojos vigilantes, sus escasas pertenencias en caso de que alguien, aprovechando el caos que pudiera presentarse, quisiera tomar algo que no le pertenecía.

Por otra parte, las personas que a menudo transitaban alegremente por esta zona, se quedaron ahora quietas; observando los vendedores ambulantes; al mismo tiempo que estos corrían entre los carros y cruzaban la calle, en un intento exitoso de eludir la acción policial cargando la mercadería y taburetes en sus hombros unos; y en sus manos, otros.

De pronto, sin previo aviso, apareció la policía. En ese instante, como por instinto, la multitud se hizo a un lado, con sus espaldas contra la pared; en todo el sentido de la palabra.

No había absolutamente nada que se pudiera hacer para entretener a los oficiales de la Policía Municipal con preguntas u otro tipo de artimañas cuyo único propósito sería el desviar la atención de éstos, y permitir así, que los vendedores informales se alejaran de ahí lo más pronto posible.

Al ver los oficiales de la policía luciendo sus uniformes nuevos de color negro con chalecos refractivos de color amarillo, ajustados al cuerpo, de repente, sentí una súbita sensación de vacío en el estómago, la cual muy pronto, se convirtió en un inequívoco aviso de mi instinto de sobrevivencia el cual me indicaba, con urgencia, la necesidad de salir de ahí; aunque la curiosidad que yace en cada uno de nosotros, me indicaba que me quedara ahí, sin moverme.

Era obvio que yo, al igual que los otros espectadores, deseaba quedarme ahí; y así, tratar de observar las reacciones de las diferentes personas que transitaban a pie por el lugar.

No obstante, no quise quedarme en el mismo sitio, debido a que temía que la acción policial se saliera de las manos y las personas corrieran a toda velocidad; empujando todo aquello que se pusiera en su camino.

Por esta misma razón, y solamente por esta razón, inicié la marcha una vez más y me dirigí una cuadra más abajo, para luego enrumbarme hacia el otro extremo del mercado y poder entrar a éste, tal y como de antemano lo había planeado.

Pero, hay algo que todos sabemos por experiencia propia, y es que no todas las cosas que se planean salen como uno lo había previsto.

Y fue así, como al llegar al otro extremo del mercado, logré ver una vendedora informal acompañada por dos niños pequeños: uno de ellos, un niño de brazos, el cual, sin notar la peligrosa situación en la que se encontraba, en ese momento se amamantaba del pecho de su madre; y el otro niño de escasos seis años de edad, ayudaba a ésta con la venta de la mercadería.

Era obvio para mí, al igual que para cualquier otra persona, que la joven madre, impulsada por su necesidad de alimentar a su hijo, no se había percatado de la gravedad de la situación, por lo que, instintivamente, me volví hacia ella y coloqué mi mano suavemente sobre su hombro derecho, con el fin de no asustarle a ella, y consecuentemente al niño.

En ese momento, el propósito de mi acercamiento fue poder decirle: señora; la policía está en la esquina del Borbón y acabo de ver que todos los vendedores salieron corriendo hacia el sur.

Justo en ese instante, la mujer giró la cabeza hacia la izquierda y emitió un grito de alerta general: ¡Ya vienen!-, gritó, al mismo tiempo que logré divisar cuatro vendedores que salían de sus escondites y se dispusieron, de inmediato, a recoger su mercadería antes de que llegara la policía.

Un hombre joven corrió hacia la mujer y sus dos niños; y como por arte de magia, en menos de dos minutos recogió todo lo que ella había colocado sobre una manta, para luego desaparecer todos calle abajo; sin dejar rastro alguno.

Fue en ese momento que miré calle arriba y logré ver la inconfundible silueta de un vehículo: una patrulla municipal de color blanco que anunciaba su presencia por medio de una sirena con voz ronca, con la cual emitía, de cuando en cuando, un sonido agudo y bajo a la vez.

Pude ver el vehículo, pues éste venía calle abajo, buscando la presencia de todo aquel, que sin percatase de el aviso de alerta, permanecía aun en los alrededores.

Entonces, fijé la mirada en los policías que venían caminando: armados con sendos garrotes y olfato de perro de caza, pues ya éstos habían tenido algunos enfrentamientos con vendedores en ocasiones anteriores, debido a que éstos decidieron quedarse en sus puestos y defender así, el derecho a trabajar de forma honesta, aunque ésta fuera ilegal.

Pero mi interferencia no termina aquí. Estuviera yo de acuerdo o no con la policía o los vendedores informales, realmente no viene al caso.

El caso era, que entre ellos se encontraban varios niños; y esto, por instinto, convirtió la situación en una causa para mí.

Sabía muy bien que nadie me había solicitado que saliera en su defensa, pero guiada yo por un fuerte sentimiento de complicidad, corrí dos cuadras más abajo.

Y de esta forma, uno a uno, logré avisarles a todos los que ahí se encontraban; por causalidad o por decisión propia.

Con el corazón en la mano, corrí de uno en uno, avisándoles que varios oficiales de la policía venían ya en camino. Miré, bastante sorprendida, la forma en que hombres, mujeres, ancianos y niños tomaban sus pertenencias; haciendo caso a mis sinceras advertencias.

Ahora, una vez recogidas éstas, las tomaron y las cargaron sobre sus hombros. Posteriormente, logré ver que todos echaron a correr a toda velocidad, en todas y cada una de las direcciones posibles; dejando tras de sí, sólo el eco de su presencia.

Incluso, algunos de ellos aprovechaban la ubicación de las tiendas de ropa en la zona para entrar y solicitar que los empleados de éstas les permitieran, sólo por unos minutos, esconderse mientras los oficiales de la policía pasaban por la acera, preguntando a los transeúntes si éstos habían visto por donde se habían ido los vendedores.

En este momento, decidí caminar a paso lento frente a las tiendas, atraída sin duda, por el intenso sentimiento de solidaridad que los empleados compartían conmigo, al indicarles a los vendedores que se escondieran detrás de las vitrinas.

También tuve la oportunidad de observar, luego, como algunos de los empleados salían de las tiendas y se quedaban de pie junto a la puerta, evitando así que la policía entrara a indagar sobre el paradero de los vendedores, y de esta forma poder ellos, guiar a los uniformados en otra dirección.

Ciertamente, tengo que decir aquí que profeso mi más profunda admiración por ellos; ahí de pie, junto a la puerta, tomando sorbos de una botella de Coca Cola, actuando como si nada estuviera sucediendo.

Sin duda, intentando de esta forma, hacerle pensar a la policía que todo estaba en calma, mientras adentro se escuchaba el mudo sonido del temor.

-¡Pobre gente!-, dijo un hombre que se había parado a la par mía con el fin de tener a alguien con quien comentar lo sucedido-. Usted sabe que ya el gobierno les había advertido que debían salir de esta zona-, añadió con tono autoritario en su voz, y con ambas manos metidas en las bolsas delanteras de su pantalón.

-Pero la solución que les pretenden dar es una ubicación a seis cuadras de aquí, sin embargo, ahí no pasa nadie a ciertas horas del día, y no les será posible vender sus cosas-, le dije-. ¿Y los niños? ¿Qué va a ser de ellos si los padres no pueden traer el sustento a sus hogares?

Sin embargo, el hombre insistió en hacerme ver que él no apoyaba la causa: Y es que... dice la gente que el gran problema radica básicamente en que algunos de estos vendedores se dedican a vender droga, y la mantienen oculta, esperando que lleguen sus clientes habituales-, dijo él en voz baja, pues cualquiera que pasara por ahí podría escucharlo y nunca se sabe en esos casos, lo que puede suceder.

Ciertamente, fue en este preciso instante, que preferí alejarme, tanto del hombre y su predecible conversación como de la policía que aun rondaba la zona como perros de cacería entrenados para sacar la presa de su escondite.

Ya yo había colaborado un poco y visto lo suficiente; y era hora de entrar al mercado para comprar ahí los limones y alguna otra fruta que con sus seductores colores lograran cautivar mi atención; una y otra vez.

Cuando Las Nubes Nos Hablan

Ciertamente, en una calurosa mañana de septiembre, las temperaturas excesivamente altas de la mañana daban previo aviso sobre las inclemencias del clima que estarían por presentarse apenas las nubes de agua se hubieran formado sobre las montañas.

A pocos pasos de la cocina, José se preparaba ya para salir de paseo; no sin antes, mirar hacia afuera y notar la sorprendente cantidad de nubes blancas en forma de hongo que se encontraban bastante altas en el cielo para ser tan temprano.

En todo caso, el reloj había dado las nueve, por lo tanto, José sabía que aun tendría tiempo para realizar un par de llamadas telefónicas y luego empacar unas cuantas cosas para llevar en su viaje.

De hecho, luego de haber observado la altura de las nubes sobre las montañas aledañas, éste estaba consciente de la necesidad de salir de inmediato; y poder así, ganarle la partida a la lluvia.

Debido al mal clima imperante en las Llanuras del Norte, José debía dirigirse cuanto antes hacia allá, si planeaba llegar libre de contratiempos a su finca ubicada en San Miguel de Sarapiquí.

Don Genaro, el mandador de la finca, quien se había convertido en su mano derecha a partir del día en que el padre de José realizó su último viaje, luego de varios meses de luchar contra una enfermedad que le había atacado el sistema nervioso, llamó a José en el preciso instante en que éste se disponía a tomar el teléfono y llamarle.

-Genaro; ¿cómo está?-, respondió José al identificar el número telefónico de la finca que aparecía en la pantalla de su IPhone.

-Bien, bien...José; pues, solamente quería decirle que la lluvia está puesta y por esta razón me temo que no vamos a poder entrar a la montaña para ver el lugar donde usted va a querer que yo le tire la cerca-, exclamó el mandador, con visible angustia en el tono de su voz.

-¿Cómo se ven las nubes Genaro?,-preguntó José, con el propósito de poder calcular cuanto antes, el tiempo que le tomaría en llegar a su destino un poco antes de que el cielo dejara caer sobre la zona todo su potencial de lluvia.

Además, conocía muy bien a don Genaro y el tono de voz que escuchaba al otro lado del teléfono.

-No me gustan mucho; presiento que se va a venir algo grande hoy-, respondió el mandador, basado en la vasta experiencia acumulada por la cantidad de años que éste llevaba viviendo en la zona.

-¡Está bien!-, exclamó José-. En seguida me voy para allá.

Y diciendo esto, apagó el teléfono y se dispuso a sacar un maletín del armario para echar en éste unas cuantas cosas que pudiera necesitar luego ya que era mejor estar prevenido ante cualquier eventualidad.

Se decidió a tomar un par de jeans negros, una camiseta blanca de manga larga, un par de medias al igual que el cepillo de dientes y la pasta.

Una vez que él estuvo seguro de que tenía todo lo necesario, tomó el maletín y se dirigió hacia la puerta principal para armar la alarma y cerrar la puerta con rapidez antes de que ésta se activara.

De una manera casi instintiva, el hombre se detuvo junto a la puerta de su carro y fijó la mirada por última vez sobre las verdes colinas detrás de la casa y las azules montañas en la lejanía.

Por unos instantes, el hombre permaneció un tanto vacilante, con actitud de respeto ante el panorama sombrío que se vislumbraba ante él: las inmensas nubes blancas en forma vertical se habían transformado, de repente, en gigantescos cúmulos grises que entrelazándose entre sí, opacaban por completo el paisaje; visto anteriormente desde la ventana de la cocina.

Hay momentos en que se vale malgastar el tiempo, sin embargo, este no es uno de ellos-pensó.

Y de inmediato, abrió la puerta del carro; colocó el maletín verde en el asiento del pasajero y se sentó frente a la manivela.

Como de costumbre, José revisó el espejo retrovisor y arrancó el carro.

Seguidamente, echó marcha atrás sobre la entrada de la propiedad y con ayuda del control remoto que sostenía en la mano, procedió a cerrar el portón eléctrico.

Una vez que éste se hubo cerrado, el hombre aceleró y cambió marchas hasta llegar a la señal de alto que le indicaba que debía mirar con cautela antes de montarse sobre la autopista.

Debido a la premura con la que debía llegar al pueblo de San Miguel, José pensó que sería conveniente manejar por el carril de transito rápido y poder así acortar el viaje de una hora y media a solo una hora y diez minutos.

Pero de pronto, notó que los carros que venían en dirección contraria traían los focos encendidos, señal inconfundible de que ya había comenzado a llover en las montañas.

Fue justo por esta razón que decidió mejor, disminuir la velocidad, pues nunca se sabía si pudiera toparse con áreas resbaladizas sobre el pavimento que pudieran haber causado algún accidente a pocos metros del lugar.

Manejó sin rebasar los límites de velocidad permitidos en diversos tramos de la nueva carretera, al mismo tiempo que comenzaba a notar la presencia de gotas de agua que caían sobre el parabrisas.

Era obvio que ya pronto se encontraría con el aguacero cara a cara y ahora más que nunca, debía guardar distancia para evitar chocar con el carro que iba en frente de él; si éste se veía obligado a frenar de forma repentina.

Precisamente, fueron estos pensamientos de cautela los que le ayudaron sin duda, a contrarrestar la monotonía del viaje, pero pronto la lluvia comenzó a caer sin piedad.

A pesar de tener los limpiaparabrisas activados, el hombre no podía ver bien; y fue en este momento que decidió bajar la velocidad a cincuenta kilómetros por hora, y de esta forma, manejar con actitud vigilante durante el resto del camino.

A escasos doscientos metros se encontraba el primer peaje.

Seguidamente, podría tomar el camino que le llevaría en forma directa hasta el pueblo de San Miguel, y a partir de ese momento, sería solamente veinte minutos lo que José tardaría en llegar a la finca.

Una vez pasado el peaje, éste se dirigió hacia la salida donde podría tomar el camino que prometía la presencia de pocos automóviles en la vía.

Esto, sin duda, resultaba ser un consuelo en momentos donde la intensidad de la lluvia causaba que las personas decidieran no salir de sus casas, y por esta razón el tráfico era mucho menor.

A corta distancia, se veía ya a un lado de la carretera el rótulo que indicaba la salida a la calle que debía tomar desde el sitio en que se encontraba.

Por lo tanto, presionó el botón de las luces direccionales y se dispuso a tomar la salida a mano derecha.

A los cien metros se hallaba el semáforo donde se detuvo a esperar para ver que la vía estuviera despejada. Una vez ahí, miró hacia ambos lados y al comprobar que tenía el camino libre, de forma inmediata, dobló a la derecha.

Hay muchas formas de saber cuándo el camino presenta situaciones adversas que comprometen nuestra seguridad y José se topó de frente con una de las más comunes en la época lluviosa.

Pues por la calle, corría el agua como río que se hubiera salido de su cauce: aguas tumultuosas de color chocolate mezclado con leche condensada hervida.

Con toda la precaución del caso, y debido a la escasa visibilidad, el hombre continuó el trayecto a muy baja velocidad. Ahora, logró escuchar el fuerte sonido causado por la intensidad del agua cayendo sobre el techo del carro, al mismo tiempo que había perdido, aproximadamente, el noventa por ciento de la visibilidad.

No podía ver a más de diez metros de distancia. Los automóviles que transitaban lentamente en sentido contrario, levantaban con sus llantas, abruptas paredes de agua que chocaban contra el suyo.

Ciertamente, José analizó la posibilidad y urgencia de buscar un lugar al lado de la calle en el cual pudiera detenerse por unos instantes para llamar a Genaro y así saber las condiciones del clima en el área.

El fuerte viento que soplaba en la zona sumado a la intensidad de las lluvias eran dos señales que él debía tomar muy en serio.

Y así fue.

A un lado de la calle, logró ver la entrada de un supermercado y fue allí donde decidió entrar para estacionarse y poder así realizar la llamada de forma segura.

Una vez que el carro detuvo la marcha, el sonido del agua sobre el techo de éste se tornó insoportable, no obstante, José sacó su teléfono y marcó el número de la finca.

Desde luego, José permitió que éste timbrara hasta que, finalmente, pudo escuchar la voz de Genaro.

-¡Aló!-

-¡Genaro!-

-¡Don José! ¿Dónde está usted?-, preguntó el mandador, con visible preocupación.

-Estoy en el Super María...quería llamarlo para saber cómo están las cosas por allá-

-Don José...tenga mucho cuidado, por favor-, respondió el hombre-.Dicen que el río ya está crecido-, añadió.

-Está bien Genaro-, respondió él con tranquilidad-. Voy a llegar hasta allá, y si veo que hay problemas yo lo vuelvo a llamar.

-Está bien don José-, respondió el mandador con cierta resignación-. Por favor, no se apure en llegar-, añadió; recuerde, que aquello que no se pueda hacer hoy, seguramente se podrá hacer mañana.

-No se preocupe Genaro...ponga a hacer café, y de paso, pídale a doña Rosa que me tenga unas tortillas recién hechas y un buen pedazo de queso en la mesa para cuando yo llegue-, dijo él.

-Con gusto, don José-, respondió éste antes de colgar el auricular del teléfono de la finca.

Al mirar por la ventana del conductor, José notó que las precipitaciones habían bajado su intensidad, por lo que pensó: Voy a aprovechar que está lloviendo menos para tratar de llegar al puente lo más antes posible.

Una vez que el hombre acabó de hablar con Genaro, sin perder un solo instante, el hombre arrancó el carro y salió del parqueo del supermercado para enrumbarse, en forma directa, hacia San Miguel por la carretera.

En el trascurso del camino José intentó escuchar las noticias por la radio, sin embargo, no fue posible sintonizar ninguna estación.

Decidió entonces, introducir un CD de música y de esta forma aligerar la ansiedad que se había apoderado de él.

No obstante, tenía el presentimiento de que algo no estaba bien, pues en su experiencia como domador de caballos y finquero, había tenido la oportunidad de ver muchas crecidas de ríos y los efectos devastadores que éstas causaban en las comunidades por donde pasaban.

Y este presentimiento que le inundaba el espíritu no era producto de su imaginación.

Pues, al tomar la última curva que introducía el inicio de la pronunciada pendiente hacia el puente sobre el Río Sucio, su mente captó escenas de terror que su corazón no olvidaría nunca; y fue exactamente por ésta razón, que se vio obligado a estacionar su carro sobre una parte del asfalto que se extendía por aproximadamente un metro de distancia, con el fin de permitir al visitante tomar fotos; evitando así la posibilidad de ser arrollado por un vehículo.

Desde ahí, sin percatarse de los eventos que sucederían más adelante, José intentó fijar su mirada en un solo punto, pero el estruendo provocado por el choque entre las inmensas piedras traídas por la corriente desde la parte superior de las montaña, le impidió enfocar su atención.

La cantidad de agua que normalmente bajaba por el cauce del río se había multiplicado de tal forma que era imposible para el ojo humano detectar la estructura metálica del puente, el cual seguramente, ya había sido arrasado hasta quedar a un lado del río centenares de metros más abajo o quizá, ya estaba a punto de ser despegado de sus soportes.

Al otro extremo del lugar, donde se suponía que aún estaba el puente, se encontraban tres vehículos parqueados uno detrás de otro: el primero era un camión con cajón de madera que transportaba varias cajas con mercadería; el segundo, una microbús de turismo local; y el tercero, un automóvil sedan cuyos ocupantes se habían salido de éste para lograr visualizar con detenimiento lo que estaba sucediendo.

José miró su reloj: eran las once de la mañana. Seguidamente, subió la mirada y notó que las nubes se habían separado; y entre una y la otra, podía verse el cielo azul.

Luego, sin dudar ni por un solo instante, tomó su teléfono y procedió a realizar dos llamadas. La primera fue a la oficina de la Comisión Nacional de Emergencias; y por supuesto, la segunda llamada a Genaro.

Necesitaba reportar la situación, y exactamente por este motivo, esperó hasta que escuchó una voz de mujer al otro lado de la línea telefónica.

-Buenas Tardes, Comisión Nacional de Emergencias-

-Señorita, necesito reportar una cabeza de agua en el puente sobre el Río Sucio a la altura del kilómetro veintiséis-, dijo, sin tomar un solo instante para respirar.

-Sí señor...ya fue reportado; y en este momento van en camino tres unidades-, dijo la mujer.

-Gracias-, respondió él.

-Con gusto-, respondió ella.

De inmediato, marcó el número de la finca y esperó hasta que Genaro o quizá Rosa atendieran el teléfono.

-¡Aló!-, respondió la mujer.

-¡Rosa!; dígame. ¿Cómo está todo?-

-¡Don José!-, respondió la esposa de Genaro, visiblemente preocupada-. ¿Dónde está?

-Rosa; ¿se encuentran bien?-, preguntó él, con la esperanza de que ella le dijera que todo estaba en orden.

-¡Sí, don José...estamos bien; ¿y usted?-

-Rosa, estoy al otro lado del puente...hay una cabeza de agua y aun no puedo pasar-

-¡Ay, Dios Mío!-, exclamó la mujer sin encontrar otras palabras que pudiera atreverse a pronunciar.

-Rosa; por favor dígale a Genaro que me voy a quedar aquí hasta que baje el nivel de agua-, dijo él, con el fin de aliviar la preocupación que sabía muy bien, Genaro y su esposa estaban sintiendo.

-Sí, don José-, exclamó ella con cierto alivio en la voz-. ¡Por favor, no intente nada audaz!-, añadió la mujer que lo había visto nacer.

-No se preocupe Rosa-, respondió él animadamente-. No voy a hacer nada tonto.

Y una vez que guardó el teléfono en la bolsa derecha de la camisa, se inclinó sobre la orilla de la carretera para asomarse y lograr ver así, lo que estaba sucediendo río abajo.

Pero, el panorama que logró ver no fue nada alentador, pues un lado del río se veían los troncos de dos árboles que éste había arrasado consigo durante su desbocado trayecto montaña abajo, y al otro extremo, el caudal de agua había aumentado de tal forma, que éste había arrasado consigo una enorme cantidad de piedras que hacía algunos minutos pertenecían a la ladera de la montaña.

La cabeza de agua, caracterizada por ser una súbita avalancha de agua producida por aguaceros de fuerte intensidad y de corta duración, había traído consigo una gran cantidad de material del suelo, además de frondosos árboles que ahora se encontraban en las laderas del río.

Paulatinamente, ésta iba bajando la intensidad de su monumental fuerza, conforme las lluvias habían dejado de caer en la parte superior de la montaña.

Ahora quedaba solamente, esperar al otro lado del puente. Pero, José prefirió mantenerse ahí, no solo porque deseaba llegar a la finca tal y como lo había planeado con anterioridad, sino también con el propósito de esperar a los miembros de la Comisión Nacional de Emergencias, los cuales estarían por llegar en cualquier momento.

De cuando en cuando, llegaba un automóvil y se estacionaba detrás del carro había llegado anteriormente, con el fin de aguardar ahí y además poder observar lo que había acontecido anteriormente.

Ciertamente, al otro lado del puente, los ocupantes de los carros se habían salido de éstos y caminaban cerca de la entrada del puente, mirando con impaciencia el alto caudal de las aguas.

Por un instante, a José le pareció notar un pico de metal que se asomaba sobre el nivel del agua, debidamente ubicado en el lugar donde se suponía que estaba aún el puente. Por esta razón y muchas otras, José decidió acercarse a paso lento hacia éste y poder fijar así su mirada de manera más exacta.

La fuerte corriente de agua bajaba ahora, sin arrasar piedras ni troncos de árboles.

¡Con suerte, pudo haber soportado el caudal! -pensó, al acercarse con sumo cuidado, hasta la orilla del río, desde donde pudo constatar con certeza que el puente había soportado los fallidos intentos que las aguas habían realizado para llevarse a éste. Miró su reloj una vez más; ya eran las dos de la tarde. Quizá él lograría pasar al otro lado del río en el momento en que las aguas un poco más calmadas ya, dejaran entrever las barandas del puente en su totalidad.

Con respecto a las unidades de la CNE, éstas acababan de llegar justo en ese instante, y se encontraban estacionadas a lo alto de una colina donde varios geólogos procedían a descargar equipo fotográfico de los vehículos todo terreno.

Fue posible para José, distinguirlos con claridad, pues llevaban chalecos refractivos con franjas anchas de color amarillo y naranja, además de cascos de color amarillo en sus cabezas.

Su presencia en el lugar fue considerada oportuna, no sólo por José y los ocupantes de los carros que estaban estacionados detrás del carro de éste, sino también por los turistas que se habían estacionado desde hacía rato, al otro lado del puente.

Inclusive, algunos de ellos con cámaras de video en mano, tomaban nota de lo que al llegar a sus países les iba a traer notoriedad entre sus colegas y familiares.

Unos minutos más tarde, dos geólogos se separaron del grupo que estaba tomando fotografías en la parte superior de la colina y a paso lento, se dirigieron calle abajo hasta llegar al lugar donde se encontraba José charlando con los ocupantes de otros vehículos.

Una mujer joven que cargaba un niño en brazos sonrió al notar que éstos se acercaban y decidió darles la bienvenida: ¡Qué dicha que están aquí!-, dijo efusivamente.

Por otra parte, el hombre que le acompañaba quiso obtener información referente a los sucesos que pudieron haberse presentado en lugares aledaños: ¿Qué pasó?-, preguntó, al ver el hombre que se quitaba el casco, con el propósito de poder hablar y satisfacer así la curiosidad de éste.

-Aún no sabemos; necesitamos realizar un sobrevuelo del área, sin embargo, nosotros pensamos quedarnos aquí hasta ver si el puente está falseado-, respondió el hombre de manera precisa y contundente.

No obstante, José quiso sacar provecho de la presencia del profesional y le dirigió una pregunta que consideró importante: ¿Van a venir los del CONAVI tambien?

-Sí, pues a pesar de que el puente quedó en el lugar, no se puede permitir el paso de vehículos hasta que el personal del CONAVI venga y dé el visto bueno-, respondió el hombre, muy consciente del hecho que las personas iban a intentar pasar una vez que el puente estuviera visible en su totalidad.

Mediante el rabillo del ojo izquierdo, José notó un hombre al otro lado del puente, que hacía gestos exagerados con sus brazos al mismo tiempo que miraba en dirección al puente.

No era necesario ser un observador detenido para darse cuenta que el hombre estaba sumamente ansioso por pasar el puente, el cual en este momento podía verse con claridad, pues el nivel de las aguas había bajado considerablemente y ya se podía ver la estructura metálica de las barandas que flanqueaban ambos lados de éste.

Todavía no se lograba ver el paso sobre el puente, pero sí podía cruzarse a muy baja velocidad, siempre y cuando éste no estuviera falseado.

A pesar de ser ésta una ruta sumamente transitada, tanto por los agricultores como los autobuses de pasajeros, las barandas median escasos treinta centímetros de alto, y un resbalón de llantas sobre el barro que sin duda cubría la calle, posiblemente causaría que el vehículo pasara por encima de las barandas y cayera al cauce del río.

José sintió, de repente, como si de alguna forma estuviera obligado a comunicar unas palabras de precaución a los conductores que se encontraban al otro lado del puente, en caso de que el hombre en cuestión, decidiera pasar sobre éste; y los demás conductores, se sintieran impulsados a imitar sus acciones imprudentes.

Sin decir una sola palabra, echó a andar en dirección al puente, pero no fue lo suficiente rápido como para llegar antes de que el hombre se montara al carro y arrancara el motor con el propósito de pasar; a como diera lugar.

Ante semejante imprudencia, José se quedó perplejo y las demás personas también.

El hombre arrancó el motor y sin pensar en las consecuencias soltó el freno de mano y se dirigió hasta la entrada del puente.

Por un instante, detuvo el carro y sacó la cabeza por la ventana con el propósito de analizar los pasos a seguir. Seguidamente, soltó el pie del freno y permitió que el carro entrara al puente.

Al ver tal acción de osadía o valentía, el funcionario de la CNE, quien se encontraba de pie junto a los tres autos estacionados detrás del carro de José, en su preocupación, echó a correr pendiente abajo al mismo tiempo que con los brazos en alto, intentaba disuadir al hombre de cruzar el puente.

Sin embargo, éste no logró su propósito.

El obstinado conductor de la camioneta inició el paso sobre el puente, logrando así llegar hasta el extremo opuesto sin deslizarse, no obstante, el pobre hombre tuvo la mala suerte de llevar el cajón de la camioneta cargado de mercadería; y una vez que llegó al otro extremo de manera exitosa e intentar iniciar el ascenso sobre la calle, el exceso de peso de la camioneta y la combinación de éste con el suelo cubierto de un extremo a otro con lodo, causó que ésta retrocediera tres metros.

Nadie sabe cómo, pero la camioneta no cayó al cauce del río, debido a que una de las enormes piedras que se hallaban justo al lado del puente detuvo la camioneta y ésta quedó allí; oscilando.

Las dos llantas delanteras sobre el pavimento y las dos llantas traseras sobre la piedra.

La extraña precisión con la que el vehículo quedó sostenido por la piedra, causó que todos los presentes se quedaran, por instantes que más parecían eternos momentos de pérdida de memoria, sin palabras.

Meses después, José recordaría aun, la expresión de terror que el pobre hombre mantuvo en su rostro durante varios minutos; quizá años, pues no podría realizar ni el más leve movimiento sin causar que el pesado vehículo resbalara sobre la piedra cubierta de barro arcilloso y se precipitara de lleno al precipicio.

Al encontrarse en medio de tales circunstancias, los geólogos llamaron de inmediato a las autoridades pertinentes para solicitar que éstas trajeran equipo pesado y por medio de éste, poder extraer el vehículo.

La calma absoluta que reinaba en el lugar fue interrumpida de repente por el vuelo de un ave que pasó de lado a lado con el propósito de atravesar la montaña de lado a lado. No obstante, al notar la escena que se suscitaba en la parte baja, el animal cambió de opinión; por lo que decidió posarse sobre una delgada rama del árbol que se encontraba más cercano al puente.

A un lado de ésta el animal podía observar la forma en la que la densa cobertura del bosque tropical se mantenía firme, a pesar de las circunstancias.

Luego, el ave vio que al extremo opuesto de las escarpadas laderas, la espesa niebla comenzaba a inclinarse sobre los presentes; recordándoles a éstos que muy pronto caería la noche.

Finalmente, dirigiendo una mirada piadosa a los presentes, el ave sacudió sus alas de color turquesa encendido, y de esta forma, emprendió el vuelo hasta la parte más alta de la montaña.

Sin palabras que compartir, todos sabían que contaban con la oportunidad de echar marcha atrás y regresar por el camino por el que habían llegado hasta ahí.

Pero, el sentimiento de solidaridad que se apodera de los humanos cuando hay un miembro de su especie que se encuentra en peligro, se apoderó a su vez de ellos, y decidieron permanecer en el lugar hasta que el hombre fuera rescatado de la inminente presencia de la muerte que, en ese instante, acechaba ese rincón de la selva virgen tropical.

Ya, la espesa niebla que colgaba de las laderas de la montaña se dejó venir para poder tomar posesión de la zona.

José miró su reloj por última vez; eran las cinco de la tarde. Sabía muy bien que pronto caería la noche. Su estómago le recordó que no había ingerido alimento desde las ocho de la mañana, pero hizo caso omiso de sus lamentos y decidió enfocar sus pensamientos en otra cosa.

De repente, se escuchó el sonido de un enorme vehículo pesado que venía bajando la carretera a baja velocidad.

En ese preciso instante todos se voltearon para mirar una grúa de color amarillo que venía acercándose, haciendo cambio de luces: de luz baja a luz alta y de luz alta a luz baja; con el propósito de anunciar su llegada.

José, al igual que las demás personas, juró nunca olvidar esta escena ni la que procedió luego.

Justo detrás de la inmensa grúa venia una unidad de bomberos ya que al escuchar la noticia, sus ocupantes se habían unido a las labores de rescate.

Por un instante, todos se olvidaron del conductor de la camioneta, pues corrieron en grupo a darles la bienvenida a los socorristas.

Mientras dos de los ocupantes de la grúa se bajaban de ésta para así dar inicio a las arduas labores de rescate que les esperaba, y enganchar una ancha y pesada cadena a la camioneta, el chofer esperaba sus indicaciones para poner en marcha el poderoso motor de ésta; justo en el instante en que los hombres emitieran la señal adecuada.

En ese momento, el chofer echaría marcha atrás y retrocedería lentamente, con el propósito de sacar la camioneta de la tenebrosa situación en la que tanto ésta como su ocupante se encontraban.

Una vez que la camioneta estuvo debidamente sujetada con la cadena, los hombres voltearon sus cabezas y lanzaron el grito de luz verde.

Fue en este momento que el conductor de la grúa inició su marcha hacia atrás y retrocedió poco a poco; hasta que finalmente, ésta logro sacar la camioneta junto a su ocupante para colocarlos a ambos, salvo y sanos, sobre la carretera.

Sin esperar un solo segundo, los geólogos de la CNE se apresuraron para hablar con el conductor de la camioneta y hacerle ver a éste, mediante palabras fuertes, que podía tener problemas legales por no haber hecho caso a las advertencias de éstos.

Al mismo tiempo, los bomberos sacaron una manguera de cincuenta metros de largo y haciendo uso del intenso chorro de agua que salía por ésta, procedieron a lavar el barro del puente y de esta forma dejar el paso libre a los conductores.

Eran ya las cinco y treinta de la tarde cuando los miembros del CONAVI se hicieron presentes en el lugar y luego de una minuciosa revisión, permitieron de esta forma, que los vehículos livianos pasaran uno por uno; no así, los vehículos de carga.

Sus conductores debían devolverse y tomar una conocida ruta alterna que se hallaba a muchos kilómetros de distancia.

Tan pronto como la superficie del puente quedó libre de barro, los vehículos pasaron hasta el otro lado y esperaron allí a sus ocupantes mientras el conductor le agradecía al cielo, el poder haber logrado la hazaña.

Seguidamente, los carros se estacionaron en fila para esperar a que todos se montaran en ellos, y así poder continuar su viaje; en fila india.

Los miembros del CONAVI colocaron señales de advertencia a ambos lados del puente y decidieron pasar ahí la noche para evitar que algún otro vehículo pasara por éste.

Sería hasta la mañana siguiente que se podría proceder a realizar una minuciosa inspección del puente y tomar las medidas del caso.

José, como era de esperarse, fue el último en abandonar la zona.

No obstante, quiso despedirse de todos los funcionarios y agradecerles a éstos por haber llegado a la zona.

Además, sabía que Gerardo estaría deseoso de saber noticias de él, pero decidió no llamarlo para no asustarlo con el timbre del teléfono.

En un instante, se montó al carro; arrancó el motor y luego de permitirle a éste un par de minutos para calentar el motor, puso en uso la experiencia acumulada de años de manejar por la zona.

Y de manera precisa, calculó muy bien la entrada del puente y sin perder la cordura, manejó en forma lenta y prudente mientras las llantas rodaban sobre la superficie de éste; permitiéndole de esta forma, llegar al otro extremo.

Apenas llegó allí, inició el lento ascenso por la pendiente.

Una vez que José se cercioró de haber dejado suficiente distancia entre el vehículo y el puente, subió la cuesta; no sin antes, dar un último vistazo hacia atrás.

Fue entonces que José se salió de su auto y caminó hacia la parte de atrás de éste para mirar una vez más el viejo puente, pues éste a pesar de largos años de soportar con inmensa valentía las inclemencias del tiempo, había luchado también contra los constantes cambios de temperatura y el paso de vehículos que a diario transitaban por la zona.

Ahora, éste parecía ya, haber librado la última batalla de su vida.

Con esto en mente y con nostalgia en su corazón, José regresó al auto; tomó su teléfono y marcó el número de la finca.

-¡Aló!-, respondió la voz de Genaro, intentando ocultar su angustia.

-¡Genaro!-, dijo José-. Ahora sí puede tenerme el café y las tortillas que le pedí...ya voy en camino.

-¡Gracias a Dios!-, exclamó el hombre, permitiendo que su angustia saliera por medio de un suspiro.

Don't miss out!

Visit the website below and you can sign up to receive emails whenever Iris Acevedo A. publishes a new book. There's no charge and no obligation.

https://books2read.com/r/B-A-JPID-PHMT

BOOKS2READ

Connecting independent readers to independent writers.

Did you love *Spanish Reader for Advanced Students III*? Then you should read *Spanish Reader for Advanced Students*[1] by Iris Acevedo A.!

[2]

Spanish Reader for Advanced Students intended for Spanish language learners who wish to review Grammatical Structures that often require additional work: The Preterit and Imperfect Tenses, The Present Subjunctive and The Imperfect Subjunctive among others.

Spanish Reader Advanced Students is the fifth book of the new series of Spanish Readers: *Spanish Readers for Beginner, Intermediate, and Advanced Students.* Here you will learn and practice Spanish with a unique collection of short stories in Spanish (Latin America) written with Grammar Structures in mind.

---

1. https://books2read.com/u/mVZxz6

2. https://books2read.com/u/mVZxz6

This collection of short stories is a unique creation of *CostaRica SpanishOnline*, the first online Spanish school in Costa Rica to offer immersion Spanish courses via Skype.

Each volume: Beginner I to Advanced III provide short stories that keep the reader guessing until you reach the end with an unusual twist that will keep you interested. The purpose of this learning technique is that independent students learn Grammar as they become immersed in the storyline.

You will find a unique blend of cultural and social aspects in Latin America -particularly Costa Rica-, modern and traditional lifestyles, transitional phrases, Grammatical Structures that are adequate for each particular level as well as a unique form of entertainment, and extensive practice of Grammatical Structures.

We guarantee that you will achieve full understanding of structures, new vocabulary and fluency in conversation; moreover, I hope you find this Spanish Reader useful as well as entertaining.

Iris Acevedo A.

Author/Founder

Read more at costaricaspanishonline.com.

About the Author

Iris Acevedo A. was born in Costa Rica in 1959. She lived and grew up in Ohio, Oklahoma and Kansas, returning to Costa Rica in 1976. Iris is the founder of CostaRica SpanishOnline, the first online Spanish school in Costa Rica to provide independent learners with live One-On-One Spanish Immersion Courses via Skype. In 2017, we have branched out and are now offering English Conversation Skills courses to Latina American learners residing in Costa Rica and abroad.

During her over 30 years' experience teaching Spanish as a Foreign Language to learners from all over the world who have visited Costa Rica in order to learn Spanish, she took a keen interest in independent learners: an emerging group of students who have studied English and Spanish on their own, and somewhere along the process seek a Spanish language teacher to guide them. This is her field of expertise.

Iris has written several articles on Spanish Language Tips and Top Questions for Ezine.com, such as The Spanish Subjunctive and The Future Tense, The Use of The Spanish Pronouns "Vos, Tú and Usted", among others.

Iris has put together 3 series of Spanish Readers :

-Spanish Reader for Beginners-Elementary-3 books (Audio Coming Soon)

-Spanish Reader for Beginners, Intermediate and Advanced Students-8 books

-Spanish Conversation Books-4 books (Audio Coming Soon)

All books contain a combination of Spanish Grammar structure and phrases lying within a narrative style with an unusual twist that keeps the independent student engaged and entertained while achieving a higher level of knowledge and conversation skills.

Please note that our Readers and Conversation Books are not Grammar Books or Travel Guides. The only books of our collection that contain Grammar exercises are: Spanish Reader for Beginners-Elementary, Elementary II, and Elementary III, with a complete translation from Spanish to English for those students who are just beginning to make their first or second attempt to learn the language on their own.

Read more at costaricaspanishonline.com.

About the Publisher